银行业系统性金融风险

预警与监管

胡德宝◎著

FINANCIAL SYSTEMATIC RISK IN COMMERCIAL BANKS

PRECAUTION AND SURPERVISION

人民日报出版社
北 京

图书在版编目（CIP）数据

银行业系统性金融风险：预警与监管 / 胡德宝著 .
—北京：人民日报出版社，2023.10
ISBN 978-7-5115-7975-1

Ⅰ. ①银… Ⅱ. ①胡… Ⅲ. ①银行业—金融风险防范
—研究—中国 Ⅳ. ① F832.3

中国国家版本馆 CIP 数据核字（2023）第 177018 号

书　　名： 银行业系统性金融风险：预警与监管
YINHANGYE XITONGXING JINRONG FENGXIAN: YUJING YU JIANGUAN
著　　者： 胡德宝

出 版 人： 刘华新
责任编辑： 翟福军　蒋菊平　徐　澜
版式设计： 九章文化

出版发行： 人民日报出版社
社　　址： 北京金台西路 2 号
邮政编码： 100733
发行热线：（010）65369509　65369527　65369846　65369512
邮购热线：（010）65369530　65363527
编辑热线：（010）65369528
网　　址： www.peopledailypress.com
经　　销： 新华书店
印　　刷： 大厂回族自治县彩虹印刷有限公司
法律顾问： 北京科宇律师事务所　（010）83622312

开　　本： 710mm × 1000mm　1/16
字　　数： 190 千字
印　　张： 16
版次印次： 2023 年 11 月第 1 版　　2023 年 11 月第 1 次印刷

书　　号： ISBN 978-7-5115-7975-1
定　　价： 48.00 元

前 言

2007 年肇始于美国的国际金融危机充分显露了传统金融监管体系对系统性金融风险监管的缺失和漏洞，凸显了识别、监测、评估和防范系统性金融风险的重要性，也表明了监管改革的必要性。中国进入“经济新常态”以来，在结构性减速所产生的诸多不确定因素冲击下，金融系统的风险因素明显增加，系统性金融风险爆发的概率显著上升。近年来，我国政府和监管层多次强调要防范化解系统性金融风险，牢牢守住不发生系统性金融风险的底线。2012—2022 年中央经济工作会议连续 11 次强调“牢牢守住不发生区域性和系统性金融风险这条底线”，凸显了防控的复杂性和党中央对防范系统性金融风险的决心。党的十九大报告明确将防范化解重大风险（主要是指系统性金融风险）作为三大攻坚战之首，是决胜全面建设小康社会等各项工作的重要保证。因此，防范系统性风险已经上升到国家战略高度。2022 年党的二十大报告中也再次明确提出：“加强和完善现代金融监管……守住不发生系统性风险底线。”2023 年 3 月 10 日，十四届全国人大一次会议表决通过了关于国务院机构改革方案的决定，13 项改革中与金融监管直接相关的有 6 项，也体现了党中央对金融监管的重视以及对金融工作集中统一领导的要求。2023 年 10 月 30 日至 31 日在北京召开中央金融工作会议，这是中央金融工作会议首次进入公众视野，是对党中央、国务院自 1997 年起先后召开过五次的全国金融工作会议的“升格”。会议明确强调“要加快建设金融强国，全面加强金融监管，……防范化解风险”，并指出要“加强党中央对金融工作的集中统一领导”。

党和国家领导人也多次强调了防范系统性金融风险的重要性。在 2019 年 1 月 21 日省部级主要领导干部坚持底线思维着力防范化解重大风险专题研讨班上，习近平总书记强调提高防控能力，着力防范化解重大风险，保持经济持续健康发展社会大局稳定，并对如何防范化解提出了明确要求和具体指导。在 2019 年 2 月 22 日完善金融服务、防范金融风险第十三次集体学习上，习近平总书记指出防范化解金融风险特别是防止发生系统性金融风险，是金融工作的根本性任务。之后，习近平总书记也多次强调对重大风险必须增强忧患意识、坚持底线思维。从习近平总书记关于防范化解重大风险一系列重要论述中，可以看出系统性风险防范的重要意义。近期中央金融工作会议又再次强调坚持把防控风险作为金融工作的永恒主题，当前和今后一个时期以全面加强监管、防范化解风险为重点，牢牢守住不发生系统性金融风险的底线。

当前，我国金融风险总体呈现“点多面广”“关联交错”的复杂局面，诸多“灰犀牛”“黑天鹅”隐患时刻威胁着我国的金融安全。局部风险的突发，通过金融体系的联结和实体经济的传导，极易演化为系统性金融风险的爆发。尤其是疫情后，世界经济复苏势头仍不稳定，银行等金融机构具有内在的脆弱性，导致银行业系统性风险产生的可能性仍然存在。以美国为例，2023 年 3 月，三天内两家银行倒闭：3 月 10 日，美国硅谷银行（Silion Valley Bank，SVB）关闭，成为 2008 年金融危机以来美国关闭的最大银行；3 月 12 日，美国签名银行（Signature Bank）

也宣告关闭。美国银行监管机构制定了一项计划，以向公众保证金融体系的稳健性，试图限制硅谷银行倒闭后的溢出效应。美国两家银行接连关闭，其风险向他国金融机构外溢。成立于1856年的瑞士瑞信银行，于2023年3月19日，由瑞士联邦政府宣布将被瑞银集团收购。2023年6月27日，瑞银集团未来几个月中将削减3.5万个工作岗位，引起了国际银行业稳定性担忧。在国际形势错综复杂和国内改革发展艰巨繁重的双重压力下，我国迫切需要强化监管以保持金融体系稳定，以更好地发挥金融服务实体经济、实现高质量发展的基本职能。

在巴塞尔协议Ⅲ框架下，考虑系统性金融风险的影响因素，阐释系统性金融风险的形成机理，从而构建一个系统性金融风险动态指数并对系统性金融风险进行测度，据此提出系统性金融风险的风险识别、衡量、预警监测体系（SRIMMS）和防范化解对策，以及宏观审慎监管的改革方向，为金融监管提供有利的分析工具和决策支持，有利于监管当局开展更加科学有效的宏观审慎监管，保证金融稳定和宏观经济健康发展。各章节的主要内容如下。

第一章对系统性金融风险的相关理论以历史经纬进行了梳理，分别涉及系统性金融风险的测度方法及其变化趋势、风险的形成机制、传导和溢出效应、预警和监管研究以及宏观审慎监管的涵盖内容等，并对前期研究进行了评述，本章试图站在更高位置“鸟瞰”本书研究内容的全貌。

第二章从历史视角对巴塞尔协议Ⅰ到巴塞尔协议Ⅲ的发展脉络进行了梳理，通过里程碑的方式记录了每个版本存在的缺陷，分析了监管改革的动力机制，结合2007年肇始于美国的国际金融危机的产生背景，阐释了原有的巴塞尔协议Ⅰ和Ⅱ受到的冲击和挑战，巴塞尔协议Ⅲ在风险敏感性监管与非风险敏感性要求相结合、资本监管与流动性监管相结合、微观审慎监管与宏观审慎监管相结合等回归监管理念的显著变化。回应了系统性金融风险需要实施宏观审慎监管的原因，也自然切入了本书的研究主题。

第三章从我国的系统性金融风险监管改革入手，回顾了我国银行业监管改革的历程，并结合我国的监管实践，从资本管理、流动性风险管理、杠杆率管理、监管变革新趋势等方面剖析了在巴塞尔协议Ⅲ体系下我国的监管转型。

第四章重点分析了美国、欧盟和日本三个国家和地区的国内系统重要性银行识别体系和监管要求，并利用指标法对我国的国内系统重要性机构进行了实证分析。实证结果显示，工农中建四大国有行的系统重要性最高，且工商银行的系统重要性位居首位。大型股份制银行和部分规模较大的城商行进入国内系统重要性银行名单，系统重要性整体上依次递减。同时，应用 GARCH–Copula–CoVaR 模型，研究了我国 2008 年前上市的 14 家商业银行的系统性风险，测算各家银行风险对宏观经济和金融体系的风险溢出效应，与指标法的结果大致相同，验证了指标法测算的科学性。

第五章在共性理论的基础上，结合我国的国情和实际，分析了中国系统性金融风险产生的个性原因，并以我国 14 家上市商业银行为例，构建指标体系对我国银行业系统性金融风险进行测度，发现系统性金融风险与我国的宏观经济密切相关，不同类型商业银行的系统性风险呈现出一定的差异性。在此基础上，指明了差异化监管的重要性及其原则。

第六章首先从理论上分析了我国的金融改革引致政策不确定性的原因，并从风险承担的视角分析了其对银行业系统性金融风险的影响机制。研究发现，货币政策不确定性上升会导致商业银行的经营环境更加不确定，增加商业银行的风险承担及系统性风险；不同规模的商业银行存在影响上的差异，资产规模较大的商业银行对风险承担的影响相对更小。基于实证结果，对研究结论进行了总结，提出应稳定预期、降低政策的不确定性，让金融监管回归其防范风险的本源，实现商业银行风险承担与经营收益间的平衡。

第七章以银行业为例，构建了系统性金融风险预警模型，设置了指标体系并对其进行测度。本书选择了 KLR 信号法确定为本文研究风险预警模型，选取能够反映宏观、微观、市场三个层面的十项预警指标合成预警指数，并对预警效果进行了模拟。在预警模拟结果的基础上，本书进一步提出了建立和完善系统性风险预警体系的政策建议。

第八章分别从中国银行业系统性金融风险监管方向和改革提出了对策建议。

这里需要特别指出，第四章至第七章中有部分理论模型或实证研究，读起来显得理论化甚至有点枯燥，但对应的章节文末均有小结，是对前面内容的提炼总结，保持了理论与实践的一致性。读者在阅读时，可选择跳过模型部分，不影响本书内容的完整性和连贯性。因此，本书既适合本科高年级和研究生，同时也适合金融监管机构及从事金融风险管理实务的业界人士。当然，囿于作者个人能力，本书肯定存在不足之处，期待方家们给予批评指导。有任何意见或建议，欢迎发送邮件至hudebao@163.com。

目 录
CONTENTS

第1章 系统性金融风险的测度与监管：历史经纬

第2章 巴塞尔协议Ⅲ体系下银行业的宏观审慎监管

第8章 中国银行业系统性金融风险的监管策略

第1章

系统性金融风险的测度与监管：历史经纬

系统性金融风险主要是指单个金融事件如金融机构倒闭、债务违约、金融价格波动等引起整个金融体系的危机，并导致经济和社会福利遭受重大损失的风险。系统性金融风险通常具有以下特征：（1）系统性金融风险不是指任何一个单一金融机构的倒闭风险或者单一金融市场的波动风险，是基于全局视角影响整个金融系统稳定的风险。因此，不要把单一风险事件或局部发生的金融风险界定为系统性金融风险。（2）随着金融机构、金融市场之间联动性增强，任何一个微小的金融风险都可能通过金融体系的复杂网络对其他机构或市场产生影响，形成风险传染，产生“蝴蝶效应”，进而引发系统性金融风险。因此，要高度重视单一风险或局部风险的处置，早识别早处理，防止单一风险或局部风险演化为系统性金融风险。（3）系统性金融风险具有较强的负外部性，金融风险会从一个机构、市场或金融系统向另一个传播，引发系统性的市场震荡，从而影响几乎所有的金融机构和市场乃至实体经济，这也意味着单个金融机构倒闭的成本最终会由金融系统的所有参与者共同承担，例如 2008 年的国际金融危机的导火索是美国雷曼兄弟的破产。2023 年 3 月接连关闭的硅谷银行和签名银行所体现出的风险外溢也出现了系统性风险的苗头，这里将选择 2023 年的最新案例进行剖析。

1.1 两家银行相继关闭：系统性金融风险的名义

硅谷银行（SVB）成立于 1983 年，总部位于美国加利福尼亚州圣克拉拉，是硅谷银行金融集团的子公司，资产达 50 亿美元。硅谷银行主要服务于初创企业，业务集中在科技、风险投资等领域，相对传统银行较少依赖个人储户存款。

为应对居高不下的通货膨胀，2022 年一年内美联储连续激进加息，导致债券价格下跌，商业银行存款流失过快、融资成本增加。同时，Facebook、Google 等技术公司大幅裁员、风险投资减少，使硅谷银行的资产负债结构发生了较大变化，其流动性问题开始显现。

为了满足客户在短期之内的资金提取需求，硅谷银行不得不在市场上打折出售持有的资产。2023 年 3 月 8 日，硅谷银行母公司硅谷银行金融集团出售约 210 亿美元的可销售证券（available-for-sale-securities），亏损约 18 亿美元，并需求通过出售普通股和优先股募资 22.5 亿美元。亏损加融资，此举被华尔街认定为恐慌性的资产抛售和对股权的猛烈稀释。一夜间，硅谷银行股价暴跌超 60%，市值蒸发超 94 亿美元。3 月 9 日，投资者和储户试图从硅谷银行提款 420 亿美元，截至当日营业结束时，该行现金余额为负 9.58 亿美元。3 月 10 日凌晨，包括 Coatue、Founders Fund 在内的多家美国顶级风投公司向被投企业建议，随着对硅谷银行稳定性的担忧与日俱增，应强烈考虑从该行中撤出资金。3 月 10 日，硅谷银行被迫停止交易，加州金融保护和创新局以流动性和清偿能力不足为由宣布对其依法接管，并指派美国联邦存款保险公司（Federal Deposit Insurance Corporation，FDIC）清算管理。硅谷银行倒闭两天之后，因“系统性风险的存在”，另外一家签名银行也应声倒闭，以资产规模计，这是美国史上第三大规模的银行倒闭案，而资产规模类似的第一共和银行（First Republic Bank）股价暴跌 8 成，银行门口挤满了前来取款的客户。其他还有 10 余家美国中小银行也面临着巨大的挤兑风险，不排除有继续爆雷的可能。

在一片恐慌之中，美国金融监管层迅速出手，3 月 12 日，美国财政部、美国联邦储备委员会和美国联邦存款保险公司发表联合声明，宣布采取行动确保硅谷银行等存款机构储户的资金安全，声明表示从 3 月 13 日起，硅谷银行储户将可以使用所有资金，与解决问题有关的任何损失都不由纳税人承担。同时，美联储设立了一个紧急贷款计划，确保其他银行能够抵御挤兑风险。

然而，金融风险具有传染性。硅谷银行的危机还未完全度过，欧洲金融市场也出现了动荡。3 月 15 日，瑞士信贷（Credit Suisse）又陷入破产危机，在瑞士股票市场一度大跌 30%，法国巴黎银行和法国兴业银行股价也出现暴跌。3 月 16 日，瑞士国家银行和瑞士金融市场监管局发表联合声明称，瑞士信贷满足对系统重要性银行的资本和流动性要求，如有必要，瑞士国家银行将向瑞信提供流动性支持。瑞士政府和监管机构 3 月 19 日晚宣布，经过紧急磋商，瑞士最大银行瑞银集团（简称瑞银）同意收购第二大银行瑞士信贷银行（简称瑞信），以避免瑞信眼下危机对本国乃至全球造成“无可挽回的经济动荡”。理由是作为一家拥有 167 年历史的商业银行，瑞信是全球银行业监管机构认定的 30 家全球系统重要性银行之一，被视为“大到不能倒”的金融机构，这项并购是眼下“恢复金融市场信心的最佳方案”。然而，事件并未结束。7 月 28 日，美国堪萨斯州的小型银行——心脏地带三州银行因资不抵债宣告破产，由联邦存款保险公司接管，这是继美国 2023 年初硅谷银行、签名银行等关闭后，美国倒闭的第 5 家银行。由于业绩影响截至 2023 年 7 月底，德意志银行、意大利裕信银行、巴克莱银行先后关闭百余家分行，裁员近 8 万人。对全球投资者来说，当前最为关心的事情是：硅谷银行带来的风暴，是否会重演2008年全球金融危机？各国能否有足够的经验和能力应对危机，或者说监管层的监管手段是否有力有效？本书后面将带着这些疑问，针对银行业系统性风险的预警及监管等话题逐步展开深入分析。

1.2 系统性金融风险的测度

1.2.1 系统性金融风险的应用方法

风险测度是整个系统性金融风险研究的前提。通过对国内外文献的梳理，可以发现，系统性金融风险测度的研究方法主要有指标法、网络分析法和模型法三类，其中，模型法主要包括结构模型法和简约模型法。各方法分别应用如下。

（1）指标法。指标法是指利用单一指标或多个指标测度与评估系统性金融风险的方法。例如，刘春航和朱元倩（2011）从宏观经济冲击、银行自身经营、传染和扩散三个维度构建了中国银行业系统性金融风险测度框架。高国华（2013）则是从宏观经济风险、货币流动性风险、信贷扩张风险、资产价格泡沫风险和金融杠杆风险等视角构建了多层次、多维度的宏观系统性风险测度指标框架。Harvey & Siddique（2000）以及Dittamar（2002）等人提出高阶矩CAPM械，用单只证券与市场组合收益率的协偏度（Coskewness）和协峰度（Cokurtosis）来度量资产对整个市场系统性风险的贡献度。一些学者认为协偏度和协峰度能够反映单个资产引致的系统性风险并预期市场中的资产的预期收益（Guidolin & Timmermann，2008；Yang et al.，2010；Chan et al.，2018；周颖刚等，2020；Cheng et al.，2021）。

（2）**网络分析法**。网络分析法是指基于金融机构间资产与负债的风险敞口等数据运用网络模型来度量系统性风险的方法。金融机构间的风险敞口和关联交易数据，为系统性风险的传染和爆发提供了渠道。该方法基于关联数据，将系统中所有银行构建起一个网络，从而动态地模拟和检验在单一金融机构发生危机或倒闭的情况下，其他机构以及整个金融系统受到的风险冲击和传染效果。代表性的研究有从银行系统（如马君潞等，2007；范小云等，2012；Mistrulli，2011；方意，2019）、支付结算系统（如贾彦东，2011；童牧等，2012）、金融市场（如李建军和薛莹，2014；王晓枫，2015）及宏观经济部门（如宫晓琳和卞江，2010；Castren & Kavonius，2009）等。Belloni et al.（2012）提出先使用 LASSO（Least Absolute Shrinkage and Selection Operator）对变量进行筛选，再对筛选后得到的变量进行回归分析，以校正被过度压缩的变量系数。Demirer et al.（2018）提出使用 LASSO 与 VAR 结合的方法进行降维，进而构造高维信息溢出网络。

（3）**结构模型法**。结构模型法是指基于严格的理论假设和微观基础建立结构模型来测度系统性金融风险的方法。具有代表性的研究主要有 Segoviano 和 Goodhart（2009）等学者提出的危机联合概率模型（Joint Probability of Distress，JPoD）、Gray 和 Jobst（2010，2013）等学者发展的系统性或有权益分析方法（Systemic Contingent Claims Analysis，SCCA）。

（4）**简约模型法**。简约模型法是指主要基于金融市场公开数据建立简化式模型（reduced-form model）来测度金融机构系统性金融风险的方法。该方法基于金融市场数据，能够从时间维度上及时反映金融部门系统性金融风险的变化情况（Huang et al.，2009），有利于宏观审慎监管的落实到位；金融机构的金融资产价格变化往往反映了市场未来的预期，因此具有前瞻性（Duffie，2009）。基于简约模型法的系统性金融风险的具体测度方法主要有条件在险价值（Conditional Value at Risk，CoVaR）、边际预期损失（Marginal Expected Shortfall，MES）、系统性金融风险指数 SRISK 和困境保费（Distressed Insurance Premium，DIP）。其中，用到最多的是前两种（Adrian & Brunnermeier，2016；Acharya et al.，2017; Brownless and Engle，2017）。

Adrian 和 Brunnermeier（2016）借鉴在险价值 VaR 的基本思想和方法，提出了 CoVaR 的方法，用于测度金融机构的系统性金融风险及机构间的风险溢出效应。多个学者采用该方法对中国金融机构的系统性风险进行了研究，如白雪梅和石大龙（2014）、王妍和陈守东（2014）等。

Acharya 等（2017）借鉴预期损失（Expected Shortfall，ES）的基本思想和方法，提出了边际预期损失（MES）和系统性预期损失（Expected Shortfall,ES）的概念和方法。Banulescu 和 Dumitrescu（2015）将规模因素纳入 MES 的计算中，提出了成分预期损失（Component Expected Shortfall，CES），即当市场权重发生变化时，某金融机构对整个金融系统的系统性金融风险的贡献度。Brownlees 和 Engle（2017）对 MES 方法进行了扩展，在 DCC-GARCH 模型的框架内，推演了单个金融机构短期边际预期损失 MES 和长期边际预期损失 LRMES 的计算公式。赵进文和韦文彬（2012）、苏明政（2013）、张晓玫和毛亚琪（2014）等人分别采用 MES 或者其演化形式对中国的银行业等金融体系进行了系统性风险测度。

1.2.2 测度方法的趋势变化

2008 年的国际金融危机后，随着各国监管层和金融机构对系统性金融风险理解的不断深入，一些学者尝试诸如 Pearson、Spearman 和

Kendall 相关系数分析（Patro 等，2013；郑振龙等，2014）、主成分分析（Kritzman 等，2013）、Granger 因果网络（Billio 等，2012）、有向无环图和复杂网络分析（Tabak，2014；欧阳红兵和刘晓东，2014；隋聪等，2016，2018）等方法从金融网络层面测度和分析金融机构间的网络关联度和关联结构，对系统性金融风险进行评估。整体来看，学术界对系统性金融风险测度出现如下变化趋势。

（1）综合指数法越来越多地被采用。自 Lllin 和 Liu（2006）首次提出金融压力指数以来，以构建指数对系统性金融风险进行测度的方法受到关注，克利夫兰金融压力指数（Oet 等，2011）、金融稳定指数（IMF，2006；Morris，2011）、金融稳定状况指数（End，2006；Wan 和 Zhang，2016）等不同指数被很多国家金融监管部门采用。沿袭国外学者的指数构建方法，国内学者也逐渐采用综合指数来度量系统性金融风险，如许涤龙和陈双莲（2015）、王维国和王际皓（2016）、张勇等运用金融压力指数、郭红兵和杜金岷（2014）通过金融稳定指数，徐国祥和郑雯（2013）、李正辉和郑玉航（2015）等采用金融稳定状况指数、陈雨露和马勇（2013）构造了金融失衡指数对中国系统性金融风险进行测度。

（2）多源数据研究正逐渐成为主流。根据各种方法采用的数据源，对系统性金融风险的测度可以分为两大类：一类是基于单一数据源的测度方法，主要包括基于资产负债表数据的研究，如 Sheldon 和 Maurer（1998）、Furfine（2003）、Upper 和 Worms（2004）、廉永辉（2016）、方意（2018）等，基于支付系统的数据，如 Bedford（2004）、Bech 和 Soramaki（2008）、童牧和何奕（2012）等，以及基于市场的数据，如 Adrian 和 Brunnermeier（2009）、Duffie 等（2009）、Drehmann 和

Tarashev（2011）、Billio 等（2012）、赵进文（2013）、彭建刚（2014）、文凤华（2015）、荆中博（2016）等；另一类是基于多源数据源的测度方法，目前被广泛应用的是结合市场数据与银行资产负债表数据展开的，具有代表性的方法是利用 Black-Scholes 期权定价法测度银行系统性风险的或有权益分析方法（Contingent Claim Analysis，CCA），国内外具有代表性的研究有 Gray 等（2008）、Jobst 和 Gray（2013）、范小云等（2013）、苟文均等（2016）、唐文进和苏帆（2017）等。

（3）从传统的关注单一机构的微观视角转向关注机构间联系的宏观视角。大量方法借助金融机构的违约相关性和市场风险的尾部依赖性等计量分析对系统性金融风险和单一机构的系统性金融风险贡献进行测度，是微观审慎监管框架下的视角。主要包括：第一，相关违约方法。Zhou（2010）基于多元极值理论提出了系统重要性指数和脆弱性指数以测定银行破产时整个金融系统中倒闭银行数量的期望值，Suh（2012）提出利用因子增强的相关违约方法估计系统性金融风险贡献和总体的系统性金融风险水平，Gray 和 Jobst（2013）运用或有权益法（CCA）和系统或有权益法（SCCA）从机构违约相依关系视角测度了系统性金融风险，Pourkhanali（2016）基于违约概率下金融机构的相依结构测度了系统性金融风险。国内学者巴曙松等（2013）、王擎等（2016）、李志辉等（2016）运用 SCCA 方法对中国系统性金融风险进行了测度。第二，MES、SRISK 和 DIP 等方法。Acharya 等（2010）在期望损失 ES 基础上提出了边际期望损失（MES），通过测度整个金融市场收益率显著下降时，单个金融机构收益率的期望损失对系统性金融风险进行测度。运用二元 GARCH 和非参数估计，Brownlees 和

Engle（2010）以及 Banulescu（2015）进一步提出了动态 MES。在此基础上，Acharya（2012）提出了系统性金融风险指数（SRISK）以单个机构相对于整个系统的资本短缺程度测度了其系统性金融风险贡献，Brownlees & Engle（2016）基于 MES 的研究，进一步提出 S-RISK 指标，用来识别具有系统重要性的金融机构。Huang 等（2009）运用困境保险价格（DIP）测度了系统性金融风险及单个机构的风险贡献，国内外其他相关研究可参见 Abdelkader 和 Slaheddine（2015）、赵进文等（2013）、卜林和李政（2016）等。第三，条件在险风险（CoVaR）和 Co-Risk 法。Adrian 和 Brunnermeier（2008，2016）提出的 CoVaR，通过测度正常状况和困境状况两种情形下的 CoVaR 之差测度了单个金融机构的风险外溢，Adrian 和 Brunnermeier（2016）、Laeven 等（2016）、周天芸（2014）运用分位数回归，Kleinow 和 Moreira（2016）、周孝华和陈九生（2016）等运用 Copula 函数，Brownlees 和 Engle（2012）、杜子平和李金（2014）等采用 GARCH 方法分别估计了 CoVaR 模型。与该方法类似，IMF（2009）提出了 Co-Risk 方法，通过一家金融机构的信用风险由于与另外一家金融机构相联系而导致的变化进行测度，捕捉了单个金融机构的风险外溢。

（4）重视对风险传染的研究。系统性金融风险呈现显著的跨部门传染传导效应，风险传染是系统性金融风险的核心内涵（杨子晖等，2020，2021；Hautsch 等，2014）。金融部门由于业务往来和资产持有等形成共同的风险敞口，当一个金融部门受到严重损失，通过部门之间密切且复杂的关联，风险极易蔓延放大，最终对整个金融系统造成严重冲击（Fang 等，2018；杨子晖，2020；苗子清等，2021）。Sun 等（2017）

通过构造金融压力指数等系统性风险综合度量指标，探究了经济政策不确定性与广义系统性金融风险传染的关联，研究了美国经济政策不确定性指数与标识整体系统性金融风险大小的斯联邦储备银行金融压力指数之间的动态交互作用，发现短期内经济政策不确定性对金融压力仅产生微弱的溢出效应，但从长期来看经济政策不确定性与系统性金融风险存在显著的双向溢出效应。Stolbov et al.（2018）构建了涵盖国内金融部门脆弱性、主权信用价值和外部冲击脆弱性的系统性金融风险综合指标，发现经济政策的不确定性会加剧系统性风险的扩散，其影响在金融体系较为脆弱的国家中尤为明显。李洋等（2021）基于中国金融机构微观数据，将尾部风险模型和网络拓扑模型相结合，构建金融机构间的系统性风险传染网络，实证结果表明经济政策不确定性的提高总体上会加剧系统性金融风险传染，且具有显著异质性。

1.3　系统性金融风险的形成机制

不少学者对系统性金融风险的形成机制进行了深度探索，最终表现为流动性问题或偿付问题。其共性化的形成机制主要表现在两个方面。

（1）共同冲击—传染机制。“共同冲击”是指影响银行机构资产负债表中的某些共同因素，包括宏观因素（如经济周期、通货膨胀率、公共健康安全等）、资产价格（如外汇、利率、国际油价等）、市场信息（如行业信心、恐慌指数等）、市场基础设施（如支付系统）等，这些因素的变动通常会影响整个银行系统或大部分银行机构的财务状况。在“共同冲击”的基础上，通过资产负债表渠道、资产价值效应与流动性渠道、信息传染渠道等进行传染，形成系统性金融风险。董青马（2008）通过内生金融周期模型、资产价格冲击模型、心理预期与羊群效应模型进行了总结和梳理。隋聪等（2014）采用“初始冲击”和“传染机制”两个部分对形成机制进行了分析。徐国祥等（2021）则用三阶段的影响机制图将这一过程更加清晰地展示出来，见图 1–1。

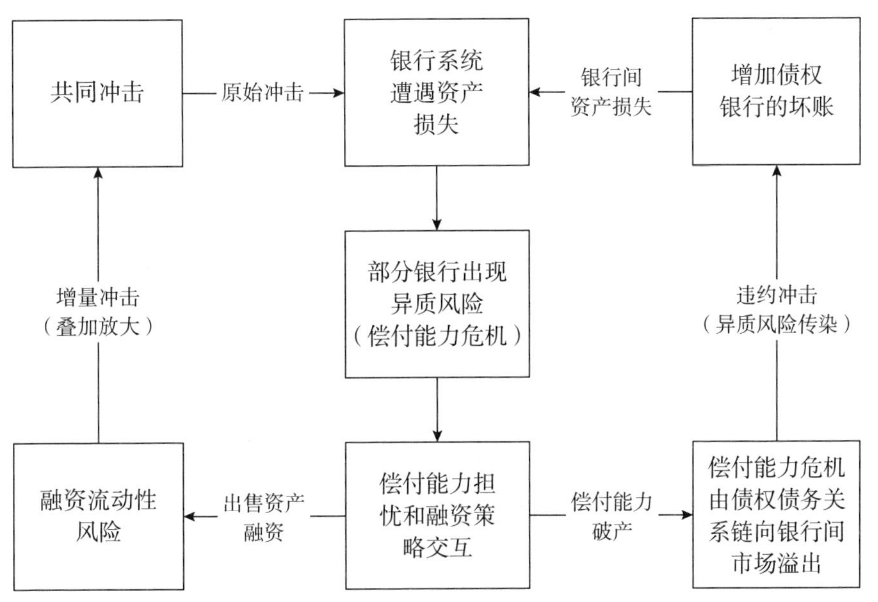

图 1–1　系统性金融风险三阶段传染模型

第一阶段为“原始冲击”阶段，该阶段主要表现为外部共同冲击导致大部分或全部银行遭受资产损失，即外部共同冲击削弱了整个银行系统的偿付能力。通常，负面冲击会损害绝大部分金融机构的资产负债表健康状况，其中一些相对“脆弱”的银行会产生异质风险，即某些银行将出现偿付能力危机。

第二阶段为“增量冲击”阶段，该阶段主要表现为单一金融机构的异质风险演变为整个市场的流动性问题，即由于信息渠道传染而增强内生性共同冲击。此时，整个金融系统的流动性出现紧张，因为全部金融机构保留高流动性或高度谨慎的投资态度以应对预期的风险。同时，在“原始冲击”阶段遭遇偿付能力危机的银行会集体寻求外部融资或紧急出售交易性金融资产融资。在可供出售的金融资产数量增加（供给加大）和担忧危机蔓延而主动接盘金融资产意愿下降（需求不足）的叠加效应下，银行间市场大概率会陷入资产抛售和市场冰冻的恶性循环中。

第三阶段为“违约冲击”阶段，该阶段主要表现为银行间流动性吃紧导致银行系统的偿付能力恶化。经历前面两阶段后，部分金融机构已经无法缓解或改善流动性危机，最终出现偿付能力破产，并通过银行间市场的直接债权债务关系链溢出，最终导致银行系统的整体财务健康状况进一步受损。

（2）内生累积—传染扩散机制。Davis 和 Karim（2009）从系统性金融风险的累积、爆发、扩散三个关键阶段阐述了系统性金融风险内生的动态演化机制，并依次从资产负债表效应、盯市计价的交易计价规则、心理恐慌和信心崩溃等渠道阐述了系统性金融风险的扩散机制。以危机发生时的情形为例，危机时资产的市场价格无法正确反映其真实价值（Kaufman & Scott，2003），但金融机构仍需按照严重低估的市场价格对其持有的资产进行估值，以致形成“资产价格下跌—资产价值缩水—金融机构抛售资产—资产价格进一步下跌……”的恶性循环，即“踩踏”事件，并导致信心丧失，情绪传染演绎为“自我实现的预言”，蔓延到整个金融体系，而且在传导过程中会互相共振和加强，最终会形成波及整个金融体系的系统性金融风险（方意，2016）。这一机制可以用图 1–2 反映出来。

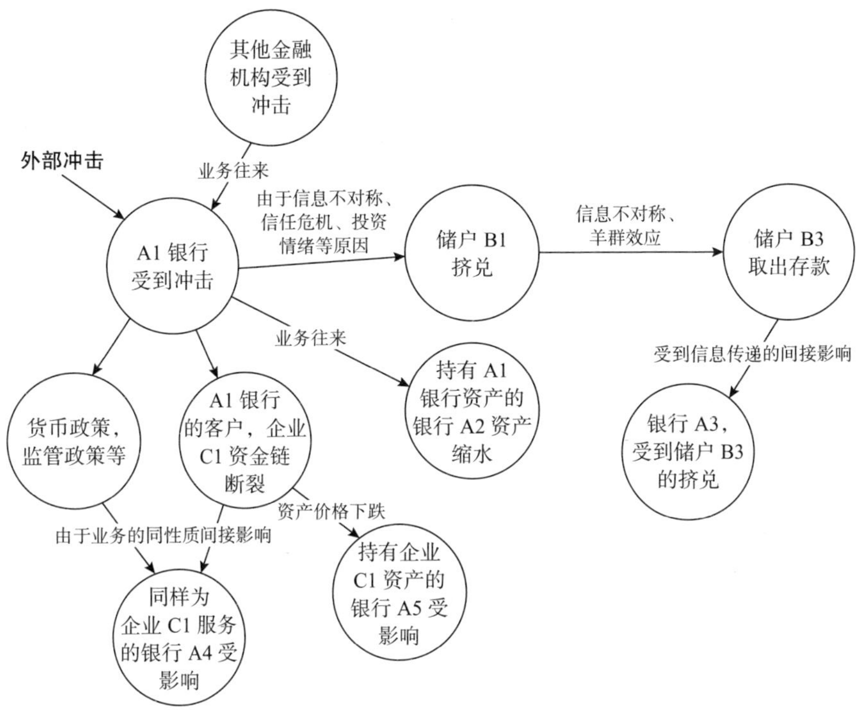

图 1–2　商业银行间相互影响形成系统性金融风险的框架模型

1.4　系统性金融风险的传导

1.4.1　系统性金融风险的传导效应和溢出效应

金融事件引起的金融体系的系统性危机，其必要的过程可能包括以下几步：第一，它可能开始于金融产品市场价格的下跌或者某个金融机构一次交易行为的失败；第二，金融产品市场价格的下跌迅速波及其他市场和其他国家；第三，金融产品市场价格的下跌引起一家或多家金融机构倒闭；第四，金融机构倒闭引起银行和支付体系的危机；第五，如果危机无法控制，最终会严重影响实体经济。这几个过程可能循序渐进发生，也可能彼此交叉出现。研究者更加重视从理论上剖析系统性金融风险的传导机构和溢出效应，能够对风险产生的机理有更明确和深刻的把握。

主流经济学在一系列完美假设下认为，相机决策可以自动实现市场均衡，金融体系被认为缺乏存在的必要性（Garrison，1982），系统性金融风险被市场自动消除，因此被排除在理论框架之外（马勇，2011）。事实上，在次贷危机以前人们更多关注的是金融危机而非系统性金融风险。因此，危机发生后，学术界更多采用金融脆弱性理论、银行挤兑理论和风险承担理论等经典理论对金融风险进行简要的解释，比如Monica等（2012）、Marcelo等（2015）、李红权和杜晓薇（2015）等，而关于系统性金融风险生成机理等理论研究几乎空白，但这恰恰是系统性金融风险的核心（Hansen，2014）。近年来，学术界逐渐将研究聚焦于系统性风险本身，并借助计量方法对以下两个相关问题进行实证研究：**（1）系统性金融风险的传导效应研究**。Yun和Moon（2014）、White等（2015）、史永东和王谨乐（2015）、叶永刚（2016）等运用VAR模型实证分析了金融系统内的风险传导效应。Yang和Zhou（2013）、Diebold和Yilmaz（2014）分别采用有向无环图和加权有向网络对金融机构方向性的网络结构和关联程度进行了分析，Tolga等（2016）、Wolfgang等（2016）基于复杂网络技术探究了系统性金融风险的传导效应。国内学者梁琪等（2015）、周海林（2015）、乔海曙等（2016）分别采用网络分析法对中国银行业和资本市场的关联性及风险传导效应进行了分析。**（2）系统性金融风险溢出的影响因素研究**。一些学者运用面板回归模型的实证研究表明系统性金融风险主要来源于规模、相关性、资本充足率、杠杆率、条件β和VaR等因素（Sylvain等，2013；Solange等，2016；王妍和陈守东，2014；苟文均等，2016）。

1.4.2 系统性金融风险的预警与监管

（1）系统性金融风险的预警研究。传统系统性金融风险预警主要基于以往金融危机的结果寻找指标并构建预警体系，代表性模型如FR模型（Frankel和Rose，1996）、KLR模型（Kaminsky，Lizondo和Reinhart，1998）等。次贷危机之后，金融压力模型受到各国监管机构推崇并得到广泛应用，比如发达经济体金融压力指数和新兴市场金融压力指数（Balakrishnan等，2009）、瑞士银行压力指数（Elke和Pierre，2009）等。受Kaminsky（1998）建模思想的启示，Oet等（2011）、Calice等（2016）、毛泽盛和王元（2015）等学者尝试通过构建指标体系对系统性金融风险进行预警，但其有效性还有待进一步检验。

（2）宏观审慎监管问题研究。次贷危机所暴露的金融顺周期性和系统性金融风险问题促使学术界和金融监管当局从微观金融监管转向了旨在以防范系统性金融风险为主要目标的宏观审慎监管（BIS，2001；Borio，2003），弥补了货币政策目标的缺陷（G20，2009；IMF，2009）。Goodhart等（2009）学者认为，为了提高宏观审慎监管效果，货币政策甚至应该兼顾资产市场和商业银行的资本问题，Gauthier（2010）发现资本缓冲可以大幅提高金融稳定性。国内相关研究可参见岑磊和谷慎（2016）、李娟和沈沛龙（2017）、王道平和范小云和方意（2017,2018）等。

1.5 宏观审慎监管：防范系统性金融风险的手段

宏观审慎监管作为防范系统性金融风险的良药，已经成为学术界和金融监管当局的共识。金融稳定委员会（FSB）和国际货币基金组织

（IMF）等国际组织及多个国家和地区的监管当局的监管改革方向就是建立宏观审慎监管体系。

金融稳定委员会（FSB）和国际清算银行（BIS）将“宏观审慎监管”定义为“以防范系统性金融风险为目标，以运用审慎工作为手段，以必要的法理架构为支撑的相关政策”。宏观审慎监管是相对“微观审慎监管”而言的，其监管对象是整个金融体系，其目标是防范系统性金融风险，以维护金融系统的整体稳定。

宏观审慎监管分别从横截面（Cross-Sectional Dimension）和时间维度（Time Dimension）来分析和化解系统性金融风险。前者关注系统性风险在整个金融系统的分布，重点是推进对系统重要性机构、市场和产品的监管，减少系统内部关联性，降低系统性金融风险的集中度。后者关注的是系统性金融风险动态变化过程，其重点是推进逆周期监管，建立逆周期资本缓冲，从而缓解金融体系的顺周期性（Borio，2009；Galati & Moessner，2013；张健华和贾彦东，2012；钟震，2012）。时间维度的宏观审慎监管工具有以下 3 种。

（1）逆周期资本缓冲。逆周期资本缓冲调整的机理是，当处于经济周期上行阶段，通过逆周期资本缓冲机制提高商业银行的资本缓冲要求，可在一定程度上抑制银行的过度放贷，以减少经济上行阶段商业银行的风险积累；当处于经济周期下行阶段，通过逆周期资本缓冲机制降低商业银行的资本缓冲要求，可在一定程度上缓解商业银行因受资本监管约束而产生的惜贷行为。因此，逆周期资本缓冲能在一定程度上缓解商业银行信贷的顺周期性，从而缓解金融体系潜在的系统性金融风险。

（2）杠杆率监管。杠杆率具有微观审慎的特征，但当它被动态使用时，更多表现为宏观审慎监管工具。Reinhart 和 Rogoff（2009）通过对

66 个国家金融危机的历史数据考察发现，过度的债务积累几乎是所有金融危机的主要原因。巴塞尔Ⅲ体系下，杠杆率这一政策工具被引入监管体系，杠杆率监管能够在一定程度上防止金融机构资产负债表的过度扩张和过度风险承担，抑制系统性金融风险的积累。

（3）流动性缓冲。流动性缓冲是指基于逆周期规划的流动性覆盖率等监管指标的监管工具。流动性缓冲能够增强债权人信心，降低金融机构遭受挤兑的可能性，能够起到缓解和减少系统性金融风险的作用（黄孝武和唐毅，2012；张雪兰和何德旭，2014）。

横截面维度的宏观审慎监管关注的是在任意时间点上系统性金融风险在整个金融系统的分布，其重点是对系统重要性金融机构、市场和产品的监管，降低系统性金融风险的集中度。横截面维度的宏观审慎监管的工具主要有以下 3 种。

（1）系统重要性金融机构的识别。即采用指标法等对系统重要性金融机构进行评估，对金融机构的系统性风险贡献进行测算。

（2）系统重要性金融机构的监管。通过资本附加、“生前遗嘱制度”（Living Will）、降低系统重要性金融机构倒闭和破产导致的风险传染和溢出效应等方式，强化监管效果。

（3）强化对“影子银行”、表外业务、场外衍生品等监管。在吸取 2008 年国际金融危机的经验教训的基础上，为便于监管，多个国家将“影子银行”、表外业务、场外衍生品等进行规范和监管，各国采取了一系列措施来降低由此可能带来的系统性金融风险的扩散。2018 年 4 月 27 日，我国央行、银保监会、证监会、外汇局联合发布的《关于规范金融机构资产管理业务的指导意见》（简称资管新规）就是一个例证。

1.6 小结

分析以上文献可以发现，国内外关于系统性金融风险的研究呈现以下特点：（1）研究主要侧重于系统性金融风险的测度、传导与预警领域，理论研究和模拟分析相对缺乏；（2）各种测度方法虽各有其特点，但各种研究方法基本上都是对单一金融机构或金融市场进行统计分析，并没有考虑宏观经济基本面或者说宏观经济波动的冲击和影响，难免有“就金融论金融风险之嫌”，系统性金融风险的测度精度值得商榷；（3）一些综合指数法选取的指标与系统性金融风险的形成未必存在必然关系，各指标之间缺乏理论关系，由此获得的测度结果缺乏有效性，也无法避免计量经济学分析中常见的“卢卡斯批判”难题。

基于以上原因，应综合考虑宏观经济基本面的影响，从理论上探究系统性金融风险尤其是银行业系统性风险的形成机理和传导机制，并筛选有效的指标对系统性金融风险进行测度并据此构建系统性金融风险预警体系，采取有效监管措施，既增加了系统性金融风险的测度精度，也提高了系统性金融风险预警的有效性和宏观审慎监管的针对性。因此，从银行业系统性风险的识别和测度入手，推进金融监管体制大变革，形成监管合力，建立健全金融监测预警体系，并提升监管有效性和风险处置效率，在金融理论和监管实践上都是一个重要课题。

第2章

巴塞尔协议Ⅲ体系下银行业的宏观审慎监管

巴塞尔委员会自20世纪70年代成立起至今，通过对风险及风险管理的不断学习、摸索、探究和提升，尤其是在不断的挫折和经验总结中完善提高，对国际金融领域的风险管理做出了卓越的贡献，不仅为商业银行风险管理提供了统一的可以衡量的评价标准，更从管理理念到管理方法上让全世界银行业有了相对一致的认识、提升了各国对加强风险管理协作、完善管理协调机制，为构建有效防范系统性金融风险合作机制发挥了应有的作用。

2.1 巴塞尔协议发展的历史沿革

巴塞尔委员会是在20世纪70年代，在十国集团中央银行行长倡议下，组建的一个俱乐部性质的组织，最早是以国际银行业监管者多边论坛的形式示人，参加者全部是各国监管当局。论坛每两年举办一届，旨在促进各国（地区）银行监管当局的交流与合作。该委员会自成立以来就不断地制定一些银行业监管规定，虽然这些规定并不具法律约束力，但十国集团的监管部门都会在规定时间内在本国范围内组织实施。经过十国集团一段时间的实施检验，这些规定以其合理性、科学性和可操作性，得到国际银行业及其各监管当局的认可。许多不是十国集团国家的监管部门也开始自愿地在本国银行业内部借鉴并遵守巴塞尔委员会制定的各项协定和资本协议。

2.1.1　巴塞尔体系产生的背景

商业银行作为经营货币的企业，在利率管制的环境下，面对整个社会资金短缺的现实情况，存款就是一切，只要有了存款就可以发放贷款，就有了占领市场份额，提高收益的“本钱”。但是，整个银行业都忽视了一个问题，即银行也是企业，银行的存款本质上就是负债，以负债发放贷款是资产的运用；我们已经知道一个企业抵御风险损失的能力取决于它的资本实力。但是，这个最基本的经济学原理却在当时被整个行业忘却了，忽视了资产对资本的影响，出现了放款扩张的冲动。

中国银行业 20 世纪末的这种放款冲动并不是孤立的，早在 20 世纪七八十年代，国际银行业也同样存在这种放款的冲动。一两家银行出现这种情况尚不足以对整个银行体系造成重大影响，但是，这种情况如果在整个银行体系形成一种趋势，那就是灾难性的。为此，巴塞尔委员会于 1988 年公布了《关于统一国际银行的资本计算和资本标准的报告》。这就是后来被广泛提及的“巴塞尔资本协议”，或称为巴塞尔协议，简称为巴Ⅰ。该协议的主要内容由四部分组成：（1）资本的分类；（2）风险权重的计算标准；（3）1992 年资本与资产的标准比例和过渡期的实施安排；（4）各国监管当局自由决定的范围。该协议的核心思想在于前两项内容：第一，将商业银行的资产业务与资本挂起钩来，并对资本进行分类；第二，将商业银行的资产根据其质量的差异设置等级，并赋予不同的风险权重。

2.1.2　资产与资本挂钩

通过资本与资产的比值关系，将银行的资产与资本紧密关联。我们知道资本与资产的比是杠杆比率，协议通过此比率规范了商业银行的贷款发放。由于资产的类别、性质以及借款人的差异都会导致商业银行的资产质量的变化，为了科学的评估商业银行的资产质量，巴Ⅰ将银行资产负债表的表内和表外项目划分为0%、20%、50%和100%四个不同的风险权重档次。通过风险权重调整后的资产称为风险资产，一个银行的全部风险资产等于银行内部所有经过风险权重调整后的资产总额。用公式（2-1）表示。

$$风险资产=\sum（资产额\times风险权重）\tag{2-1}$$

这时杠杆比公式就改变为：总资本／风险资产；同时，巴Ⅰ还对杠杆比率进行了规范，要求它们之间的比率要大于等于8%。并将这个比率称为资本充足比率。

$$资本充足率=\frac{总资本}{风险资产}\geqslant 8\%\tag{2-2}$$

在（2-1）公式中最重要的是风险权重的设置，它代表了巴塞尔委员会对资产风险安全程度的主观判定，是委员会给予商业银行资产的一种风险缓释政策。

2.1.3 资本分类监管

巴Ⅰ将商业银行的资本划分为核心资本和附属资本两类，对各类资本按照各自不同的特点进行明确的界定。风险权重划分的目的是为衡量资本设定标准。有了风险权重，巴Ⅰ所确定的资本对风险资产8%（其中核心资本对风险资产的比重不低于4%）的标准目标比率才具有现实意义和可操作性。

巴Ⅰ解决了商业银行资产、负债与资本的关系，建立了资本充足率，即资本约束资产的风险管理理念和监管要求。从资本标准及资产风险两个方面对银行提出明确要求，建立了资本与风险两位一体的资本充足率监管机制。这说明巴塞尔委员会开始真正认识到资本是抵御风险、弥补风险损失的最后一道防线。因此，必须将资本与作为风险载体的资产有机联系在一起。而资产的风险程度又与资产的性质相关。所以，巴Ⅰ以不同的风险权重将不同风险的资产进行区分，形成规模相同的资产因风险不同而对应不同的资本量，换句话讲，同样的资本量可以保障不同规模的资产。

巴塞尔委员会的上述要求在国际银行业内树立了资本是抵御风险损失的最后一道防线的理念，由于资本的这一功能决定了其风险资本（Capital at Risk）的本质，即企业用于防范风险损失的资本称为风险资本。

1988 年公布，1992 年实施的巴Ⅰ对国际银行业产生了巨大的影响，受到了不少国家监管部门的高度重视，并纷纷表态将在本国范围内参照资本协议的要求实施监管。由于各国监管机构在本国国内是根据法律授权实施监管，因此，一旦监管机构宣布按照巴塞尔资本协议规定，要求商业银行执行资本充足比率的话，其计算出的风险资本就被赋予了法律意义，这时的风险资本实质上已经成为监管资本[①]。中国银监会于 2004 年初正式颁布了《商业银行资本充足率管理办法》，标志着中国银行业开始全面接受巴塞尔委员会的监管理念和要求。

2.1.4 巴塞尔协议Ⅰ存在的问题

虽然，巴塞尔协议Ⅰ在稳定金融体系，管理商业银行风险方面做出

① 由于监管者的法律地位，所以按照监管要求计算出的资本已经被赋予法律意义，因此，在有些国家和地区，又将监管资本称为法定资本。

了重要的贡献。但是，自协议实施之日起就受到国际活跃银行的质疑。主要的不足和缺陷表现在两个方面。

第一，统一的风险权重敏感性不足。委员会对银行资产规定了统一的四个档次的风险权重，目的是区分银行不同的资产对资本的需求。但是，在全球范围内，面对不同的地区、不同的行业、不同的经济体、不同管理水平的银行均采用单一的评判标准，难免就显得有些过于机械化。被人质疑其敏感性不足，未能有针对性地对银行资产和客户进行科学、合理的划分。

第二，主动实施巴塞尔协议的银行在市场竞争中反而处于不利的地位。根据协议的要求，银行按照资本充足比率的规定计算出的资本，是用于弥补银行资产业务中可能出现的超出一般准备的风险损失。因此，这部分资本必须保持高度的安全性和流动性。这实际上就是要求商业银行必须将这部分资本以现金形式存放于最为保险的银行中，一般就是中央银行；而中央银行对于这类流动性极强的存款只能按照活期存款向商业银行支付存款利息。商业银行这样做的结果，虽然保证了这部分资本的安全性和流动性，但是资本的盈利性要求显然是无法满足的。

由于资本是逐利的，资本的投资是要关注机会成本的。如果企业的利润无法满足资本的盈利要求，自然不会受到资本的青睐。而商业银行将资本存放于中央银行所得到的利息，与资本要求的收益率之间必然会有很大的差异，为了满足资本收益率的要求，商业银行就需要通过资产业务的定价将这部分差额收取回来。也就是说，商业银行在产品的定价中，需要将资本的成本纳入产品的价格组成。商业银行只有这样做才能在保证资本的安全性和流动性的同时，满足资本的盈利性。

但是，商业银行这样做又无疑给自己上了一套无形的枷锁，因为，巴塞尔委员会并不具有法律地位，其所制定的任何制度都不具有法律的强制性。在 20 世纪 90 年代，除了国际活跃银行（Internationally Active Banks）以外，全球其他地区和国家的商业银行并没有接受巴塞尔资本协议的相关内容。即，除了国际活跃银行以外，国际上其他商业银行并没有执行巴塞尔协议资本充足比率的责任和义务。因此，这些未执行的银行在国际市场上营销自己的产品时，其产品的价格可以不包含资本的成本，这就使得在相同情况下，这些商业银行的产品价格可以始终低于国际活跃银行，形成了其他商业银行对国际活跃银行的竞争优势。

2.2 巴塞尔协议Ⅱ的积极意义与缺陷：监管改革的动力

针对巴塞尔协议Ⅰ的上述不足与缺陷，国际活跃银行开始寻找解决风险权重敏感性不足的替代方法。委员会首先注意到西方国际活跃银行自 20 世纪 70 年代起，针对市场风险引入计量经济学理论进行风险损失的测量方法与实践，这些银行在实施巴Ⅰ后已经开始在信用风险领域探索这一方法的可行性，而这一方法与布雷顿森林体系有着千丝万缕的联系。

2.2.1 借鉴先进银行市场风险测量方法

由于美元危机和美国经济危机的频繁爆发，以及制度本身的矛盾，布雷顿森林体系于 20 世纪 70 年代初宣告破产。随着以美元为中心的固定汇率制的瓦解，国际市场上的资金随着各国利率的变化而流动，进而加大了国际金融市场上汇率和利率的风险。为此，国际货币基金组织

（IMF）于1972年7月成立了委员会，专门研究国际货币制度的改革问题。该委员会于1974年6月提出一份"国际货币体系改革纲要"，对黄金、汇率、储备资产、国际收支调节等问题提出了一些原则性的建议，为以后的货币改革奠定了基础。1976年1月，国际货币基金组织（IMF）理事会"国际货币制度临时委员会"在牙买加首都金斯敦举行会议，讨论国际货币基金协定的条款，签订了"牙买加协议"，同年4月，国际货币基金组织理事会通过了《IMF协定第二修正案》，从而形成了新的国际货币体系。

以浮动汇率为标志的牙买加体系建立后，国际金融业开始关注汇率和利率变化对商业银行资产的影响。在20世纪70年代至80年代间，一些国际活跃银行利用计量经济学的原理，提出了基于银行内部VaR（Value-at- Risk）模型的内部模型计量方法，对商业银行账户内的资金头寸在未来一段时间内可能因市场上汇率或利率的波动而导致的损失进行测量。其基本原理就是测算银行账户内的头寸在未来一段时间内发生损失的概率和损失的比率，然后将损失发生概率、损失比率和账户内头寸的价值相乘得到未来一段时间可能发生的损失额。详见公式（2-3）。

预期损失＝账户内资金头寸的价值×发生损失的概率×损失比率

（2-3）

这一方法在20世纪90年代初基本成熟，为商业银行管理市场风险提供了一个极具价值的工具。计量经济学在商业银行市场风险管理中的成功运用，为商业银行解决巴塞尔协议资本充足比率规定中风险权重敏感性不足的问题提供了一个思路。

自20世纪90年代中期起，国际上一些先进银行开始尝试利用上面的方法测量信用风险。根据信用风险是指因交易对手的违约行为而导致其资产与预期收益的不确定性的这一定义，探讨客户的违约概率和商业银行产品的损失比率。这一方法在 21 世纪初已经基本成型，一些国际上的先进银行可以通过客户违约概率对客户的资信进行信用风险评级。

2.2.2 巴塞尔协议Ⅱ的积极意义

20 世纪 90 年代以来，国际金融市场自由化速度的加快和国际银行业的快速扩张，加上新技术的广泛运用，使得国际金融市场间的联系更加紧密。随着衍生金融品种及其交易规模的迅猛增长，银行业越来越深地介入了衍生品种的交易，一些银行以资产证券化和控股公司的形式来逃避资本监管，并将信用风险转化为市场风险或操作风险，银行与金融市场间的相互影响也越发显著。从 1995 年巴林银行、大和银行的倒闭到 1997 年东南亚爆发的金融危机，让所有人意识到，金融业存在的问题不仅是信用风险或市场风险等单一风险问题，而是由信用风险、市场风险和操作风险等众多风险互相交织、共同作用的结果。

所有这些问题引发巴塞尔委员会对全球金融体系风险的全面而深入的思考。1997 年 9 月巴塞尔委员会推出的《有效银行监管的核心原则》，表明该委员会已经确立了全面风险管理的理念。该文件提出了涉及银行监管 7 个方面的 25 条核心监管原则，是一个具有实质性意义的监管框架，为下一步全面深化对银行业的监管预留了广阔的空间。与此同时 20 世纪 90 年代中期开始，国际活跃银行等先进银行借鉴市场风险管理技术，研究开发的信用风险计量模型（后被巴Ⅱ称为“内部评级法”），其主要目的就是解决巴Ⅰ资本充足比率要求中风险权重敏感性不足的问题。巴塞尔委员会从这些银行的实践中意识到这一方法的优势，开始考虑修改、完善 1988 年巴Ⅰ的问题。巴塞尔委员会修改资本协议的工作是从 1998 年开始的。1999 年 6 月，巴塞尔委员会提出了以三大支柱——资本充足率、监管部门监督检查和市场纪律为主要特点的新资本监管框架草案第一稿（见图 2-1），并广泛征求有关方面的意见。

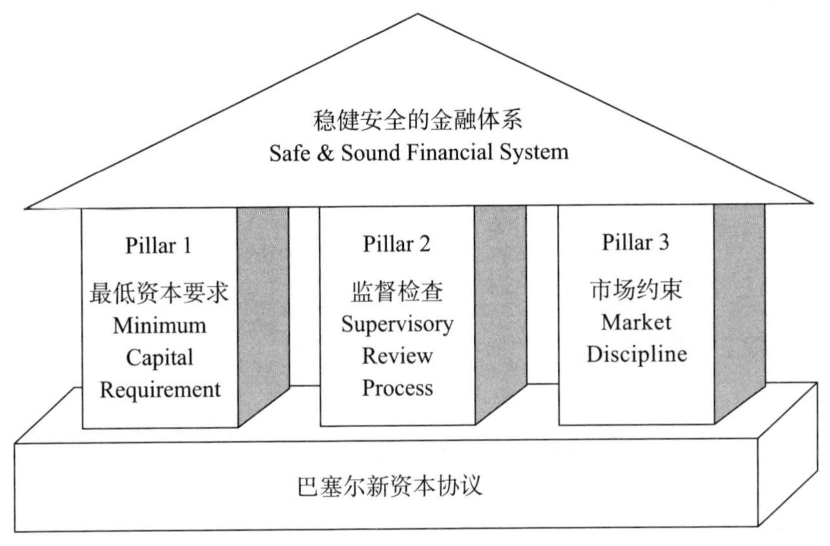

图 2-1　新资本监管框架草案第一稿

相较 1988 年资本协议，新资本协议的内容更广、更复杂。这是因为新协议力求把资本充足率与银行面临的主要风险紧密地结合在一起，力求反映银行风险管理、监管实践的最新变化，并尽量为发展水平不同的银行和银行监管体系提供多项选择。巴塞尔委员会在历经了五年的征求意见和数次大规模的测试之后，于 2004 年 6 月正式发布了《巴塞尔新资本协议——统一资本测量和资本标准的国际协议：修订框架》，俗称巴塞尔新资本协议，简称为巴Ⅱ。其积极意义在于以下四点内容。

1. 以科学的方法量化风险

巴Ⅱ在完善资本充足比率管理办法（巴Ⅰ）的同时，鼓励商业银行探索利用银行内部数据建立"客户评级模型"和"债项评级模型"，对客户违约概率和产品损失比率进行测量，通过内部评级分析判断银行在行业、地区、客户、产品四个维度上的预期损失，进而得到银行在组合层面上抵御全部风险损失所需要的风险资本。这种商业银行通过内部评级法测量得到的风险资本称为经济资本。

2. 对风险来源进行精细化管理

以内部评级法测量风险解决了巴Ⅰ规定的资本充足比率方法中风险权重缺乏敏感性的问题，对客户资信的分析判断更加客观。由于内部评级方法是由概率和影响两个维度进行测量，针对的又是客户和产品等风险源头，其测量的过程就是银行风险管理的过程，真正践行了巴塞尔委员会提出的风险管理就是一个非线性过程的理念。

3. 促进商业银行提升风险管理能力

将内部评级法用于资本监管是巴Ⅱ的核心内容。该方法继承了1996年市场风险补充协议的创新之处，鼓励商业银行使用自己内部的测量数据确定资本要求。与巴Ⅰ不同的是，从一开始巴塞尔委员会就希望新协议的适用范围不再仅局限于十国集团国家，提出新资本协议的各项基本原则普遍适用于全世界的所有银行。

为确保国际活跃银行在国际竞争中的地位，巴Ⅱ建议所有国家的银行应力争在规定时间内全面实施新协议。但是，同发达国家相比，发展中国家的市场发育程度、银行管理水平和监管能力都存在较大的差距，实施巴Ⅱ的难度极大。为此，巴塞尔委员会在大幅提升风险权重对计算资本作用的同时，鼓励发展中国家银行利用内部评级法测量经济资本以替代用资本充足比率计算出的监管资本。

4. 开始形成系统性的监管理念

巴Ⅱ针对三大风险提出了以三大支柱（资本充足率、监管部门监督检查和市场纪律）为主要特点的新资本监管框架，从巴Ⅰ利用外部评级以及由银行外部实施监管，转变为针对银行内部数据、客户、产品等全方位的风险管理能力的机构监管，开始形成了一套有针对性的、系统性的微观审慎的监管理念和要求。

2.2.3 巴塞尔协议Ⅱ的缺陷与不足

1. 巴塞尔新资本协议风险监管框架的顺周期性（pro-cyclicality）

利用银行内部数据对客户进行资信评级的最大弊端就是顺周期性，当经济处于上升周期，外部市场环境好、市场流动性充裕的时候，客户发生违约的情况就少；而当经济处于下行周期，外部市场环境差，市场流动性不足时，客户发生违约的情况就会增加。而内部评级法不仅无法克服这种情况，反而会加剧顺周期性，尤其是在经济下行通道内，客户的评级下降直接加剧了整个经济环境的恶化。

2. 缺乏对非正态分布等复杂风险的有效测量和监管

巴Ⅱ受到20世纪末商业银行风险管理技术的制约，更多的是在关注符合一般性风险定律，即“经常发生的风险损失不会很大，而不经常发生的风险损失会很大”的市场风险、信用风险和操作风险等。而对于流动性风险这种不符合上述定律的风险关注不够，缺乏对这类风险的管理方法和要求。

3. 操作风险测量困难

巴Ⅱ在第一支柱下对操作风险提出了三种资本计算方法，基本指标法、标准法和内部模型法。前两种方法是以商业银行总收入或银行内部业务条线收入乘以委员会设定权重的乘积为标准计提风险资本，而前两种方法与操作风险本身并没有直接关系。它只是参考了微观经济学中企业收益的波动性就是风险的理论，并在此基础上提出的一种防范操作风险所需资本的计算规定。最后一种方法是内部模型法，通过收集内部损失数据，根据损失发生频（概）率和损失比率的乘积，测算由于操作风险导致损失的最终结果。模型测量准确的关键在于损失数据的收集必须要完整、准确，而此方法的难点在于数据收集困难，中国银行业十多年来的实践证明，此方法在中国是无效的。同时，该方法得到的结论是操作风险管理的最终结果，对操作风险管理的整个过程没有任何指导意义，这与该委员会“风险管理是一个非线性过程”的理念相悖。

4. 风险计量模型的局限性

巴Ⅱ过度依赖数据模型，而在模型的建设过程中，随着经济环境的变化，以及银行对外部变化的理解差异导致模型的自变量越来越多，因子之间相关性增加，模型愈加复杂。与此同时，商业银行却忽视了银行与客户之间定性信息的作用以及银行内部专家对风险的理性判断；当模型结论出现失真或甄别好坏客户的能力下降时，反而对银行的管理形成了桎梏。

5. 支持性数据的可得性存在困难

运用计量经济学原理，通过建立数学模型对经济活动进行预测的关键是，需要有若干个经济周期完整的数据给予支撑。然而，自巴Ⅱ发布至巴Ⅲ出台，国际经济尚未经历一个完整的周期，在如此短暂的时间内，经济上升周期和衰退周期间的数据均不完整，其模型的准确性必然遭到质疑。况且各国银行间在数据清理、违约定义等关键指标上的标准都不一致；如何对不同经济体、不同管理水平的银行做出公平、公正的判断是一个广受争议的问题。

6. 对新兴市场国家和中小银行的不公平性

由于内部评级法在测量中对技术要求甚高，对于相当一部分的发展中国家的商业银行，特别是一些中小银行而言，在实施巴Ⅱ的过程中，不仅所需的预算投入巨大、人力资源投入多，而且实施期限长、管理成本高，加之这些银行在数据基础和管理水平上的差异，都极大地增加了其在日后的市场竞争中处于弱势的概率。这些问题导致巴Ⅱ在这些国家严重水土不服，削弱了它们主动实施的积极性。

2.3 巴塞尔协议Ⅲ与宏观审慎监管：监管理念的回归

巴Ⅱ还未具体实施，2007年美国次贷危机便全面爆发，全球性金融危机接踵而来，欧洲各国的主权债务危机浮出水面。当我们分析这场危机发生的根源时，可以肯定的是，危机的爆发充分暴露了银行业管理的重大缺陷，特别是银行业在其中所扮演的角色再次引起公众的关注，也引起巴塞尔委员会对银行体系整体监管问题的思考。

2.3.1 金融危机对巴塞尔协议Ⅱ的冲击和挑战

美国金融危机的爆发，形成了对巴Ⅱ监管体系和相关监管理念的冲击和挑战。主要表现在以下几个方面。

1. 资产证券化危机暴露微观审慎监管理念的不足

美国爆发的金融危机是由美国金融业发放的次级贷款引发的。在21世纪初随着互联网泡沫的破灭，为了支撑全美经济发展，美国金融业希望通过扩大对房地产业的投资刺激美国经济的发展。在这个过程中，如何将市场上已经建成的商品房销售出去成为一个关键问题。一些房地产金融企业发明了一种称为“次级贷款”的产品，说白了就是向一些有购房需求，却没有支付能力的，不符合贷款条件的个人提供一种融资安排。这些人本来是没有还款能力的，不符合商业银行正常情况下发放授信的条件，但是在经济上升周期内，房价一直在上涨，这些借款人在取得借款购入房地产后，房屋的价值仍在上升，借款人不需要以现金支付利息，完全可以通过房价上涨的部分获得新的借款来支付原有借款的利息。

这种虚假繁荣背后所隐藏的危机在经济上升周期是体现不出来的，但是一旦经济进入下行通道，这类授信产品的风险损失将会集中爆发。美国金融企业是完全清楚这一点的，然而，这些华尔街的金融大鳄们并没有因此收手。他们利用金融工具创造出一个又一个的所谓“创新产品”，在金融市场上瞒天过海。他们将可能出现问题的信贷资产与其他资产混在一起，做成一个新的资产包销售给第三方；或是将这些信贷资产打包后放到资本市场销售，使其资产证券化。买入这些资产的金融企业并不准备真正持有这些资产，而是将这些资产与其它资产再次混合，做成新的资产包再拿到市场上去销售。就这样反复经过多个轮回，到最终持有人手中时，已经没有人说得清楚手中的资产是什么了。如果此时哪怕只有极少数借款人出现违约，那就会引起连锁反应，导致这一链条中所有产品的债务人均无法正常还款。2007 年美国的次贷危机就是这么引发的，这也是引发 2008 年美国金融危机的重要原因之一。

这绝不是一两个客户违约，或是一两个金融企业的风险管理出了问题，它是整个金融体系的问题。监管者只注意到一两个银行的管理问题，只关注微观层面的细节问题，而忽视了会在宏观层面爆发的系统性风险。这一案例充分说明以巴Ⅱ为代表的微观审慎的监管理念与国际经济环境中的风险现实间的差距。

2. 金融一体化趋势挑战机构监管模式

现代经济社会中，资金是血液，金融是核心。金融行业不仅是社会经济中的重要产业，更是一个具有多种业务领域且十分复杂的行业，不仅包括商业银行、投资银行、融资租赁，还包括基金、期货、信托、保险、证券等类型。金融行业的兴衰与发展直接关系到一个国家、一个地区经济发展的未来。20 世纪 90 年代后，国际金融业自由化与国际银行业快速扩张，加上新技术的广泛运用，促使国际金融环境越发复杂，国际金融市场、金融行业内不同业务领域的业务联系愈加紧密，相互交叉混业经营、风险在不同业务领域之间相互转移已成为常态。不同领域的金融企业走向融合，金融集团整合各类业务逐步向金融一体化发展的趋势已渐成浪潮。

显然，以巴塞尔委员会为代表的国际监管组织采用的“五龙治水”、“铁路警察各管一段”的分业监管模式已经无法适应这种变化。

3. 对三大风险以外的风险缺乏管理手段

巴塞尔委员会信奉“风险管理的前提是测量，没有测量就没有风险管理”的理念。但是，风险测量对数据的要求使大多数风险不具备测量的条件。巴Ⅱ在第二支柱下，针对这些无法进行测量的风险提出了风险评估的要求，希望通过风险评估措施的完善，弥补除市场风险、信用风险和操作风险以外的其他风险资本测量不足的困境。但这种方法测量得到的结果准确性差，且因为只是针对管理过程失效后可能出现的风险损失进行评估，以测算出所需风险资本的大小，但对如何管理这些风险没有提出任何有实际指导意义的建议。

4. 对系统性风险的评估不足

巴Ⅱ过度地关注某一家银行的风险管理能力，甚至其理念直接渗透到商业银行内部对具体客户的管理要求之中，却完全忽视了作为监管机构应对市场整体状况进行监督的责任，缺乏对金融体系系统性风险的分析、评估与判断。从这个角度看，2007 年由美国次贷危机演变而成的全球性金融危机与监管机构对系统性风险管理意识不足有着直接关系。

5. 巴塞尔协议Ⅱ的假设有待完善

经历了美国金融危机之后，巴塞尔委员会意识到在制订巴Ⅱ时的一些考虑是值得商榷的。例如以下假设明显考虑不周，有以偏概全之嫌：其一，“对商业银行影响最大，且最严重的风险是信用风险、市场风险和操作风险”。金融危机证明影响商业银行的风险远不止这几种风险，而压死骆驼的最后一根稻草是流动性风险。其二，“数据计量模型可以全面、真实地反映商业银行的风险状况”。显然这一假设是不成立的，在实践中数据计量模型有时不仅不能真实地反映风险状况，更不要说全面了，甚至在针对一些具体风险的分析中其准确性还不如专家模型。其三，“面对风险损失，商业银行只要满足资本充足比率的要求，就可以达到吸收所有损失的效果”。这一假设太过理想化，面对复杂的金融市场，有些损失商业银行是无法通过资本进行弥补的。例如一旦发生流动性风险，有再多的资本都无济于事；又比如声誉风险损失是无法用数据反映的，资本对此也无能为力。

2.3.2　对巴塞尔协议Ⅱ的反思与监管理念的回归

金融危机暴露出巴Ⅱ监管中过于依赖数据模型技术和拘泥于微观层面的风险，缺乏对银行业系统性风险监管的宏观视野和高度，宏观审慎监管呼之欲出。巴塞尔委员会在反思的过程中，开始对监管理念进行调整，具体而言主要从以下几个方面展开。

1. 监管理念的回归

从巴Ⅰ宏观控制到巴Ⅱ微观审慎，再到 2010 年转变为宏观审慎和微观审慎并重。纠正了巴Ⅱ征求意见稿以来微观审慎有余，宏观管理不足的问题。

2. 监管手段的回归

由巴Ⅰ简单的监管手段到巴Ⅱ征求意见稿开始的崇尚以计量模型等复杂手段为主，再回归到统一简单与复杂的标准化，并以监管需求为第一要务的监管手段。

3. 监管指标的回归

纠正了巴Ⅱ对模型的过度依赖，针对银行体系所面临的各种风险特征，制定相应的、可操作的、可验证的监管指标，例如从单一的杠杆率到资本充足率再到两者相辅相成的监控指标体系。

4. 分析技术的回归

从巴Ⅰ以定性分析为主到巴Ⅱ崇尚定量分析，再回归到重提以专家经验分析判断为主要特征的定性分析的重要性。

5. 提倡银行业务回归

从 20 世纪商业银行以传统业务为主到 21 世纪初几乎无节制的创新金融工具、滥用高杠杆业务、只专注金融市场业务而忽视实体经济的问题；再回归到提倡商业银行应以支持实体经济为主的简约战略。巴塞尔委员会的反思和回归可以从金融危机爆发后，委员会所采取的一系列补救措施中反映出来，如表 2-1 所示。

表 2-1　2008 年国际金融危机后巴塞尔委员会的系列补救措施

修订内容	修订时间	修订文件
整体框架的修订	2009 年 7 月	《新资本协议框架完善建议》
	2009 年 12 月	《增强银行业抗风险能力（征求意见稿）》
流动性风险管理不足	2008 年 2 月	《流动性风险管理和监管的挑战》
	2008 年 9 月	《稳健的流动性风险管理和监管原则》
	2009 年 12 月	《流动性风险计量、标准和监测的国际框架（征求意见稿）》
市场风险监管	2009 年 7 月	《交易账户新增风险资本计提指引》
	2009 年 7 月	《新资本协议市场风险框架的修订稿》
压力测试	2009 年 5 月	《稳健的压力测试实践和监管原则》
公允价值会计准则	2008 年 5 月	《公允价值测度量和建模》
	2009 年 4 月	《银行金融工具公允价值评估实践的监管指引》
	2009 年 8 月	《会计标准修订案：高级指导原则》
跨境监管	2009 年 9 月	《跨境银行决议小组的报告和建议》

2.3.3　巴塞尔协议Ⅲ的变化与核心内容

2010 年公布的巴Ⅲ是对巴Ⅱ的全面回归，巴塞尔委员会在重新掌握了监管主动权的同时，补充增加了流动性、杠杆率等诸多监管手段，厘清了监管与被监管的关系。巴Ⅲ从以下六个方面对巴Ⅱ进行了补充和完善。

（1）加强资本框架并明确资本定义。以巴Ⅲ为核心的国际银行监管改革既延续了 1988 年巴Ⅰ、2004 年巴Ⅱ以风险为本的监管理念，又超越了传统的资本监管框架，从更加宽广的视角理解风险，在监管制度层面确立了微观审慎与宏观审慎相结合的监管模式，体现了银行监管的扩展和延伸。针对全球银行体系缺乏充足、高质量的资本，尤其是金融危机暴露出各个国家以及不同的经济体对资本定义的不同且透明度不足等情况，导致市场无法对各个经济体和相关银行的资本质量进行评估和横向比较的问题，巴Ⅲ对银行资本进行了严格细致的定义以及相关的披露要求，同时更加重视银行资本中质量最高部分，即以普通股为主的核心一级资本质量。

（2）扩大风险覆盖范围并加强交易对手信用风险管理。美国金融危机让巴塞尔委员会意识到，以往商业银行对风险的测量范围存在以下缺陷：其一是信用风险不仅存在于银行账户，还有可能存在于交易账户；其二是交易账户面临的不只是市场风险，也有可能面临信用风险。在危机前，场外衍生品和证券融资交易的快速发展为金融机构带来了较高的杠杆，而在危机中，大量复杂金融工具的交易对手违约导致抵押品抛售、抵押品价值下跌，这种信用风险与市场的波动紧密相关。因此，及时捕捉商业银行表内外的所有风险，包括衍生品交易相关的风险暴露是稳定金融体系的重要因素。为此，巴塞尔委员会提出了扩大风险覆盖范围的要求，将商业银行表内表外的所有风险均纳入资本监管范畴。同时，针对交易对手的信用风险源头，诸如衍生品交易、回购和证券融资交易等风险暴露提高了资本要求，降低了亲周期性。鼓励商业银行通过修改指标的方式，有效应对交易对手的信用风险、信用估值调整及错向风险（Wrong-way Risk），以降低金融体系的系统性风险。

（3）引入并更新整体杠杆比率。杠杆比率对于控制商业银行资产业务的相对规模，限制表内外资产过度膨胀的作用明显优于资本充足比率。美国金融危机后，巴塞尔委员会意识到，仅仅依靠资本充足比率控制商业银行的业务扩张还是不够的。对比资本充足比率和杠杆比率两个公式[①]就可以看出，两者的区别在于分母，资本充足比率中的分母是经过风险权重调整后的风险加权资产，而杠杆比率中的分母是表内表外所有资产的简单求和。商业银行表内表外杠杆比率的过度积累是导致此次美国金融危机的重要原因之一，危机迫使商业银行降低杠杆比率，但由此也加剧了银行资产价格下跌的压力，进一步加剧了银行损失和银行资本下降与信贷供给能力收缩之间的正反馈循环。作为银行业重要的资本监管工具，杠杆比率与资本充足比率在监测商业银行资本方面相辅相成。资本充足比率弥补了杠杆比率对资产风险水平的忽视，杠杆比率又较好地补充了资本充足比率可能存在的顺周期和监管套利。

（4）建议修改会计准则[②]，提高前瞻性的拨备。建议国际会计准则制订机构放弃基于权责发生制所规定的“已发生损失（Incurred Loss）”的贷款损失拨备会计准则，转向基于“预期损失（Expected Loss）”的贷款损失拨备会计规则，提高贷款拨备的前瞻性。巴塞尔委员会通过三项相互关联的措施促进更稳健的拨备做法。其一，积极倡导会计准则拨备模型向预期损失方法转变。委员会强烈支持国际会计准则理事会（IASB）转向预期损失方法，其目标是提高财务报告信息对包括审慎监管当局在内的利益相关者的有用性和相关性。委员会已经公布了一套高水平的指导原则，用于指导国际会计准则理事会替代《国际会计准则第39号》所进行的改革。委员会支持预期损失测量方法，该方法能够更加透明地获取实际损失信息，也能降低现行的“已发生损失”模型的亲周期性。其二，修订监管指引，使之与预期损失测量方法保持一致。

① 资本充足比率 =（一级资本 – 资本扣减项）/ 风险加权资产；杠杆比率 =（一级资本 – 资本扣减项）/ 表内外风险暴露总额。

② 此项提议已经在 2018 年正式实施。

该指引将帮助各地监管机构推进实施预期损失框架下更为稳健的拨备做法。其三，制订监管资本框架中强化拨备的激励机制。

（5）提出超额资本、资本留存及逆周期超额资本，以降低系统性风险。要求商业银行持有高于最低资本要求的“超额资本”，包括“留存超额资本（Conservation Buffer）”和“逆周期超额资本（Countercyclical Buffer）”，要求银行在经济上行、信贷快速增长和盈利丰沛时期，计提更多的资本，用于经济衰退时期吸收损失，以防止过度冲击银行资本充足比率水平，确保经济下行期银行能够为经济复苏提供信贷支持。

（6）提出全球流动性标准。强有力的资本要求是银行业保持稳定的必要条件，但是仅仅依靠资本是不够的。通过稳健的监管标准，建立强大的流动性基础同样重要。在美国金融危机初期的流动性阶段，很多银行虽然具有足够的资本水平，但仍然面临困境，因为其未能审慎管理流动性。危机再次展示出流动性对于金融市场及银行体系正常运作的重要性。在危机爆发前，资产市场繁荣、融资便利且成本很低。市场状况的快速逆转表明流动性可以迅速枯竭，且枯竭状况可能持续很长时间。此时银行体系面临巨大的压力，只能依靠中央银行出面，采取措施支持货币市场。面对商业银行放松流动性管理的现实情况，巴塞尔委员会在美国金融危机爆发的当年就发布了《稳健流动性风险管理和监管原则》。为商业银行提供了风险管理和融资流动性风险监管的详细指引。为了补充这些原则，委员会进一步强化了流动性框架，制订了融资流动性的两个最低标准。其一是“流动性覆盖率（Liquidity Coverage Ratio）”，目的是通过确保银行具有充足的、高质量的流动性来源抵御未来 30 天内的压力考验，增强银行短期应对流动性风险的能力。其二是“净稳定资金比例（NSFR）”，目的是在银行现有结构基础上，建立用稳定资金来源支持其业务扩张的额外激励，从而促进其长期稳健发展。这两个最低标准的实施有助于打破流动性突然断裂—银行被迫倾销资产—资产价格下跌—资本充足比率下降—信贷供给能力下降的传递链条，防止因监管规则与会计规则之间的“共振（Co-movement）”进一步放大金融体系的顺周期性。

2.3.4 巴塞尔协议Ⅲ框架下的监管原则

巴塞尔框架体系下，“呼唤”宏观审慎监管能适应监管需求，同时应遵循以下原则。

（1）风险敏感性资本要求与非风险敏感的杠杆率要求相结合。巴Ⅰ和巴Ⅱ的关注点都是银行资产负债表的左侧“资产方”的风险，两者之间的差异在于采用了不同风险敏感度的监管资本测量方法，监管资本要求反映了银行资产的风险度，即不同资产的风险差异。而巴塞尔Ⅲ不仅进一步强化了对银行资产风险的关注，如大幅度提高交易业务、交易对手信用风险的风险权重，而且对银行资产方风险的另一个重要驱动因子“规模”给予了高度关注，通过引入杠杆比率监管标准，有效防止单一银行乃至整个银行体系的过度杠杆化。

（2）资本监管与流动性监管相结合。巴塞尔Ⅲ大幅度提高资本充足比率标准和资本质量要求，恢复所有者权益，特别是普通股和留存收益在监管资本中的核心地位，在增强商业银行吸收损失能力的同时，提出了流动性监管标准；建立“流动性覆盖率”和“净稳定资金比例”两个指标，对商业银行资产负债表双方的期限匹配提出了明确的要求，商业银行需持有充足的、高质量的流动性资产以应对压力状态下短期现金净流出，降低对短期批发性融资的依赖性，压缩了商业银行在短期负债和长期资产之间实现套利的空间。

（3）宏观审慎监管与微观审慎监管相结合。为了应对美国经济危机所暴露出的市场失灵问题，巴塞尔委员会对国际监管框架进行了一系列根本性的改革。在继承了巴Ⅱ有关强调加强单一银行层面，即微观审慎监管，以提高单一银行应对压力的稳健性的同时，也强调注重宏观审慎的监管，解决银行业积累的系统性风险问题以及由这些风险演化而成的亲周期效应。巴Ⅲ突出了宏观审慎与微观审慎监管相结合的监管理念，大幅提高了商业银行资本充足比率的数量标准和质量要求，引入了量化的流动性风险监管指标，确立了银行业监管的新标杆。委员会强调微观审慎与宏观审慎相互关联的重要性，任何单一银行的稳健性出问题都有可能引发整个银行体系的系统性风险。

第3章

我国对系统性金融风险的监管改革

中国银行业从20世纪90年代中期开始起步，在经历了了解、认知、学习、试行、跟从、摸索等过程以后，逐步对自20世纪七八十年代萌芽的现代商业银行风险管理理念、理论、方法、规则、路线图有了较为全面的认识，并在国内银行业的数次资产剥离、股份制改革、上市等一系列重要的治理活动以及巴塞尔委员会资本管理框架的不断修改完善的过程中，逐渐走向成熟。我国的监管层不断推进监管改革，提高监管效率和监管质量，尤其是巴塞尔协议Ⅲ体系下针对系统性金融风险适应宏观审慎监管的新要求、新变化、新趋势，我国监管层进行改革创新，使监管能力得到有效提升。

3.1 巴塞尔体系下中国监管改革的历程

2004年初中国银监会正式颁布的《商业银行资本充足比率管理办法》以及当年开始的中国建设银行和中国银行的股份制改革，标志着中国银行业开始全面接受巴塞尔委员会的监管理念，拉开了中国银行业实施全面改革的序幕。面对当年巴塞尔委员会正式颁布的《巴塞尔新资本协议——统一资本测量和资本标准的国际协议：修订框架》和国内银行业的困境，银监会的首要工作就是大力普及风险管理理论和巴塞尔资本协议的监管理念，当时的监管还处于对巴塞尔体系的引进学习期。

2007年至2010年4月，这一时期的中国银行业已经走出了银行业股份制改革的阵痛，在伴随着中国经济的高速发展的同时，中国银行业也开始了快速扩张，以全球第一大行工商银行为例，其资产和净利润分别由2007年初的75091.18亿元和493.36亿元增长到2010年底的134586.22亿元和1660.25亿元，分别增长了79.23%和236.52%[①]。相比之下，这一时期的国际金融业由于受美国金融危机和欧洲主权债务危机的影响，无论是资产规模还是利润增长都出现了大幅度的下滑，伴随而来的是银行倒闭与合并浪潮。这些都为中国银行业凭借股份制改革的东风，跻身国际银行业前列提供了难得的机会。然而，银行资产规模的快速扩张，首先带来的就是资本不足的压力，如何提高银行资产质量、降低资本占用，并为资本带来最大利润等问题迫使银行业开始自上而下地推动资本充足比率监管规则的实施，以及对巴Ⅱ项目的探索。在银监会的推动下，以工农中建交五大商业银行为引领的中国银行业开始启动巴Ⅱ内部评级法项目。与此同时，各家已经上市的商业银行为了满足上市公司的监管要求，开始引进COSO《内部控制整体框架》和《企业风险管理（ERM）整合框架》，财政部、证监会、审计署、银监会、保监会等五部委2008年颁布的《企业内部控制基本规范（财会［2008］7号）》以及随后公布的《企业内部控制配套指引（财会发［2010］11号）》《企业内部控制应用指引》《企业内部控制评价指引》《企业内部控制审计指引》等政策规定为银行业实施全面风险管理和内部控制提供了政策制度的指引。

2010年4月至2012年，这一时期的中国银行业经过自身的实践已经完全理解并掌握了国外先进银行的风险管理方法和巴塞尔委员会的监

① 数据摘自《21世纪经济报道》2016年6月1日第11版："掌门人与细节控：工行为伴37载　姜建清谢幕再出发"。

管理念。在这期间几大商业银行陆续完成了“巴Ⅱ内部评级法”项目，以及作为上市公司需要“按照以COSO理念制订的上市公司内部控制法规”实施的“操作风险管理与内部控制项目”的整合工作。大量实践带来的失败教训和成功经验让银行业开始对从国外引进所谓先进经验后，却未能解决中国银行业实际问题的情况进行反思，并对COSO与巴塞尔两大风险管理组织不同的风险管理理念对银行业的影响进行了认真的剖析与思考，尤其是对它们的风险管理理论、方法、路线图的优劣进行了客观的分析。开始探索一条符合中国银行业特色的风险管理之路，在信用风险领域，一些大型商业银行测量出的经济资本已经低于按照资本充足比率计算出的监管资本；在操作风险管理领域，已经有银行在国际银行业率先测量出银行内部业务条线、产品、流程直至环节的操作风险事件发生频率。解决了国际审计界提出的“如何将分散、孤立的检查结论有机归集汇总形成整体结论”的疑难问题，以及巴Ⅱ关于操作风险的资本测量方法与管理实践相脱节的问题。

此时的银监会已经成为巴塞尔委员会的成员，对于美国金融危机后的国际金融形势、巴塞尔委员会与各成员国所形成相对统一的认识和结论、并从速修改相关的监管指引、重新掌握了监管的主动权的情况等都在积极地参与和跟进中。同时，银监会在国内也适时推出腕骨（CARPALs）监管体系等监管工具[①]。该体系包含了四大工具和七大类、十三项监管指标，具体内容详见表3-1。随后，银监会根据最新发布的

① CARPALs是腕骨的意思，代表了银监会铁腕监管的决心，由该体系主要内容“资本充足性（Capital Adequacy）、贷款质量（Asset Quality）、大额风险集中度（Risk Concentration）、拨备覆盖（Provisioning Coverage）、附属机构（Affiliated Institutions）、流动性（Liquidity）和案件防控（Swindle Prevention Control）”等英文词汇的第一个字母组成。

巴Ⅲ有关规定，草拟了《商业银行资本管理办法（试行）》并广泛征求意见，以此表明了银监会面对国际国内经济、金融环境以及巴塞尔Ⅲ所反映出问题的态度和决心。“腕骨（CARPALs）监管体系”和《商业银行资本管理办法（试行）》被国际、国内银行业公认已经走在了巴Ⅲ前面，其中许多监管指标和要求都要严于巴Ⅲ。

表 3–1　中国监管机构的监管体系

项　　目			法定值	目标值（测定）	触发值（商定）
资本充足	资本充足率		8%	11.5%	—
	杠杆率		4%	4.5%	—
资产质量	不良贷款率		2%	1.8%	—
	不良贷款偏离度		0.1pp	0.15pp	—
拨备情况	不良贷款拨备覆盖率（与贷拨比按照二者孰高原则）		2.5%	2.45%	—
大额风险集中	单一客户风险集中度		10%	4%	—
	单一集团客户风险集中度		15%	12%	—
流动性	流动性覆盖率		25%	35%	—
	净稳定资金比率		100%	105%	—
	存贷比		75%	73%	—
案件风险	案件风险率		百万分之五	百万分之四	—
并表机构情况	附属机构资本回报率		平均水平	因机构而异	—
	母行负债依存度	银行类	30	50	—
		租赁类	20	30	—
		其他	0	0	—

2011 年 4 月，银监会发布了《中国银行业实施新监管标准指导意见》，确立了资本充足率、杠杆率、流动性、贷款损失准备监管的新标杆，明确了银行业审慎监管新框架和实施路线图。指导意见的发布与贯彻执

行为中国银行业未来长期稳健运行提供了一个良好的监管环境。

2013 年至 2017 年，这一时期的中国银行业和银监会以 2013 年初正式执行的《商业银行资本管理办法（试行）》为标志，彻底扭转了过去盲目跟随国外银行业和监管机构的做法，在认真反思十多年来实施风险管理和执行巴塞尔委员会相关协议的经验与教训的基础上，开始结合中国的实际情况，探索出一条符合中国特色的商业银行风险管理和监管体系之路。与此同时，中国银行业面对经济的下行周期，发展速度由双位数下滑至 6%—7%，不良贷款压力骤升、因道德风险引发的欺诈舞弊案件呈雪崩式爆发，利率市场化，互联网金融急速扩张等不利因素。中国银行业开始认真反思过去粗放式发展的模式，将被动式的风险管理变为主动式的风险管理，EVA 和 RAROC[①] 已经深入到银行经营理念之中，由过去贷后核算转变为做业务之前主动计算盈亏。由以往偏重于企业层面、内部微观因素的分析向关注宏观层面、周期性、系统性因素综合分析转变。在市场多元化的背景下，在组合管理层面针对风险的分散化效应，强调风险的传染性从横向、纵向的广度和深度对系统性的影响，更加注重银行体系内的并表管理和穿透式管理，形成了宏观审慎监管的框架体系，标志着我国的监管水平达到一个新台阶。

3.2 巴塞尔协议Ⅲ体系下银行业监管改革的措施

基于最新金融监管理论演变而来的巴Ⅲ改变了传统的监管理论只专注于单个金融机构的缺陷，更加重视对整个金融体系系统性风险的管

① RAROC 风险调整的资本收益率 Risk Adjusted Return on Capital。

理，推进全球金融体系向更加稳健、更加健康的方向发展。例如，提高资本质量要求，建立资本留存缓冲，提高银行吸收损失、应对负向冲击的能力；加大风险覆盖范围、加强对流动性风险的关注，引入杠杆率要求限制监管套利活动，减少表外风险；建立逆周期资本缓冲，缓解银行体系和监管的亲周期性，减少金融系统过度波动带来的严重负面影响；加强对系统重要性金融机构监管，限制“大而不倒”导致的道德风险。主要的措施如下。

3.2.1 加强商业银行资本管理

为加强我国商业银行资本的有效监管，维护我国银行体系的稳健运行，中国银监会于 2012 年 6 月 8 日颁布了《商业银行资本管理办法（试行）》，于 2013 年 1 月 1 日起实施，分别对我国商业银行的资本充足率计算和监管要求、资本定义、信用风险加权资产计量、市场风险加权资产计量、操作风险加权资产计量、商业银行内部资本充足评估程序、监督检查以及信息披露等方面进行了具体规定。

《商业银行资本管理办法（试行）》规定，我国商业银行各级资本充足率不得低于 5%、一级资本充足率不得低于 6%、资本充足率不得低于 8%。此外，商业银行应当在最低资本要求的基础上计提储备资本，储备资本要求为风险加权资产的 2.5%，由核心一级资本来满足；在特定情况下，商业银行应当在最低资本要求和储备资本要求之上计提逆周期资本，逆周期资本要求为风险加权资产的 0—2.5%，由核心一级资本来满足；对于国内系统性重要银行，除了规定的最低资本要求、储备资本和逆周期资本要求外，还应当计提附加资本，附加资本要求为风险加权资产的 1%，由核心一级资本满足。

对于风险覆盖部分，《商业银行资本管理办法（试行）》扩大了风险覆盖范围，增加了对 VaR 值、新增风险、特定风险、再证券化的资本要求。为缓解资本不足的问题，规定了高于 150% 拨备覆盖率的超额拨备可全额计入二级资本。

3.2.2 加强商业银行流动性风险管理

为加强对我国商业银行的流动性风险的有效管理，借鉴巴塞尔Ⅲ流动性标准，在对现行的流动性风险监管制度梳理、补充和完善的基础上，银保监会于 2018 年 5 月 25 日公布了《商业银行流动性风险管理办法》，并于 2018 年 7 月 1 日起施行。

《商业银行流动性风险管理办法》中规定了流动性风险监管指标，即流动性覆盖率和流动性比率。其中，流动性覆盖率应当不低于 100%，流动性比率不低于 25%。同时，要求商业银行应当建立流动性风险压力测试制度，分析承受短期和中长期压力情景的流动性风险控制能力。在压力测试的基础上，增加了风险预警的内容。即商业银行应当根据其业务规模、性质、复杂程度、风险水平、组织架构及市场影响力，充分考虑压力测试结果，制定有效的流动性风险应急计划，确保其可以应对紧急情况下的流动性需求。

3.2.3 加强商业银行的杠杆率管理

为有效控制商业银行杠杆化程度，维护商业银行安全、稳健运行，银监会对 2012 年 1 月 1 日起实施的《商业银行杠杆率管理办法》进行了修订，于 2015 年 4 月 1 日起施行《商业银行杠杆率管理办法（修订）》。

《商业银行杠杆率管理办法（修订）》规定，要求我国商业银行应当设定不低于最低监管要求的目标杠杆率，有效控制杠杆化程度。对于杠杆率低于最低监管要求的商业银行，中国银监会及其派出机构可以采取以下纠正措施：要求商业银行限期补充一级资本；要求商业银行控制表内外资产增长速度；要求商业银行降低表内外资产规模。监管机构对银行业的整体杠杆率情况进行持续监测，加强对银行业系统性风险的分析与防范。

3.3 我国银行业监管面临的挑战

2017 年底，巴塞尔协议Ⅲ最终版本的出台和 2018 年正式开始实施的《国际财务报告准则第 9 号——金融工具（IFRS9）》表明强势监管时代的到来，中国银行业面对宏观经济环境的变化和强势监管规则，金融机构风险管理方面存在的短板使我国宏观审慎监管面临较大的挑战。

第一，在适应金融生态和市场环境的能力方面。由于中国仍处于转型社会时期，市场要素仍处于不断培育发展的过程之中，从国家的宏观政策如税收规则、到市场运行机制如金融工具的创新使用的监管等都在不断地变化、改进和完善。这些都给商业银行和监管者在管理创新中增加了许多不确定性因素，一些国外先进的理念、方法和工具以及在实践中发现、积累的经验和教训都难以及时地进行借鉴、修改、补充和完善。例如资产证券化的运用，自 2005 年开始试行，不久后停滞，再到十年后重新启动仍然未能充分发挥其作用，几年间在全国范围内实现的资产证券化规模与整个银行业的资产规模相比仍然难以令人满意。

第二，在银行风险管理体系方面。中国银行业在经历了十几年的改革之后，已经按照国际银行业的治理理念构建了一套相对完整的公司治理体系和风险管理架构。然而，随着改革的深入以及市场环境的变化，我们发现从国外学到的东西并不能完全解决我们的实际问题。这些困境即使是国外银行业和咨询公司也束手无策，而国内银行业的公司治理机制和风险管理组织结构就更加难以适应了。

第三，在管理工具的运用方面。虽然我们已经将国外先进的管理方法和工具吸收进来，但是，由于风险管理本身是一个易受到各方制约、难以短期见效、需要长期积累的工作；加之目前国内市场浮躁的环境导致对工具、方法、原理的认识只是停留在表面，缺乏对其内涵真谛的深入挖掘、认知和运用。例如对 RAROC 工具的使用和对 VaR（Value-at-Risk）模型基本内涵的理解和运用方面，仍在盲目地跟从国外的做法，其结果只能是永远跟在国外银行业的后面，甚至因错误的理解而导致实施过程中出现失误沦为笑柄。这些都将成为未来很长一段时间内中国银行业所需要冷静面对、思考和努力解决的现实问题。

第四，在面对未来的不确定性方面。中国银行业除了要面对上述复杂的国际金融环境和监管理念、规则的强势压力外，我们所处的国际政治、经济环境也发生了重大的变化，中美贸易战爆发、英国脱欧、美俄中东角力、周边地缘政治复杂多变，在后疫情时代将为中国的总体政治、经济、金融以及银行业带来极大的不确定性因素。我们能够顺利渡过难关、抓住危机中的有利条件和机遇，变被动为主动，不仅是我们风险管理人员需要总结思考的问题，更是所有金融从业人员，甚至所有经济界同仁需要严肃面对的问题。在国际经济全球化受到重大考验、贸易保护主义盛行、孤立主义兴起的不利形势下，中国经济和中国银行业只有利用互联网、移动通信和大数据时代的特点，在金融市场多元化的背景下，抓住业态变化的有利时机和空间主动求变，利用技术创新、谋求突破，才有可能实现在经济新常态下的自主发展。

面对未来的不确定性，以下几方面需要特别加以注意。

（1）政治、经济、金融环境变化的影响。互联网、物联网、区块链技术的发展为银行业的发展提供了机遇和全新的挑战，金融服务的场景化趋势明显，生态圈的概念要求和风险管理的微观处理向敏捷性和内嵌化方向发展，这些都在政策制定、策略实施和技术流程领域冲击传统的思维模式与逻辑架构。

（2）风险管理技术的影响。风险管理数据化趋势引导信息的采集、生成、传输、分类、存储和处理技术的突破性进展，致使传统的风险管理技术创新正在经历由量变到质变的过程。

（3）巴Ⅲ最终版本与中国金融生态差异的影响。巴塞尔委员会规则的制订更多的是基于欧美发达国家的市场环境，这就导致规则中的一些要求与我国国情无法兼容；如何在中国特色的市场环境下“取其精华”，在既不违反国际监管理念的情况下，又能促使我国的金融政策和宏观审慎监管规则更好地适应我国金融业的发展和经济发展的需要，将成为中国监管当局和银行业所面临的重要任务。

（4）拥抱金融监管新趋势。银行业未来监管的趋势是，一方面要健全货币政策与宏观审慎政策的“双支柱”调控框架，进一步统筹好宏观政策和监管政策；另一方面要强化审慎监管和行为监管，进一步明晰和划分二者的职能范围，使前者能更好地实现事前防范预警，后者能达到事中管理和事后处罚的目标，落实功能监管和目标监管的要求。这与最新通过的金融监管体系改革的任务要求是一致的，即构建符合我国现代金融业发展特点、统筹协调、有力有效的现代金融监管框架。

第4章

中国系统重要性银行的识别和评估

大型商业银行等金融机构的经营活动具有特殊性，其市场风险、信用风险等可能会传染到其他金融机构，甚至危及整个金融系统的正常运转。较长一段时间内，国际上对大型金融机构奉行“大而不倒”的监管理念，但这种监管思路容易引发道德风险，尤其是2008年美国“两房”公司引发国际金融危机就是典型案例，传统的只关注单个金融机构的微观审慎监管遭遇挑战。因此，全球监管层开始关注宏观审慎监管，并重视系统性风险，“系统重要性金融机构”（Systemically Important Financial Institutions，SIFI）也引起了足够重视。金融稳定委员会（FSB）于2011年11月发布《针对系统重要性金融机构的政策措施》，其中包含首批29家全球系统重要性金融机构（G-SIFIs）名单，此后每年11月公布并更新全球系统重要性银行（Global Systemically Important Bank，G-SIB）名单。该名单将全球入选的银行分为五类，并提出不同程度的附加资本要求，中国银行、中国工商银行、中国农业银行和中国建设银行依次入选G-SIB名单，并按照要求计提额外的一级资本，以四大银行的总损失吸收能力。

除了识别G-SIB，巴塞尔委员会建议各国监管层制定适用本国的系统重要性银行的评估方法和监管措施，识别国内系统重要性银行（Domestic Systemically Important Bank，D-SIB），以降低区域性系统性风险。2020年12月，中国人民银行和中国银保监会联合发布《系统重要性银行评估办法》，该办法参照巴塞尔委员会关于G-SIB的识别方法，提出了用于识别我国D-SIB指标体系和具体计算方法，并宣布于2021

年 1 月 1 日起正式实施。本书针对该指标法展开研究，进行国际比较并探究其在我国的适用性，试图识别出我国的 D–SIB，评估出银行的风险大小，对监管政策制定具有一定参考作用。同时，有助于梳理我国系统性金融风险的监管框架，对推进金融监管改革和完善宏观审慎框架具有重要意义。

4.1 系统重要性金融机构识别的方法

自 2011 年金融稳定委员会提出系统重要性金融机构（SIFI）的概念以来，G–SIB 识别方法已在国际上得到普遍认可，国内外学者对评估标准和监管措施也开展了大量研究。其中，对于 G–SIB 的研究更多集中在监管措施建议和监管有效性，而对 D–SIB 的识别和评估，世界大多数国家仍然没有定论，D–SIB 的识别和评估也成为当前各国学者的研究热点。全球来看，目前 D–SIB 的识别和评估主要是采用市场法和指标法两种。

市场法主要采用的是 CoVaR 模型，用于计算风险贡献度，作为系统重要性排序的依据，通常还会加入 Copula、DCC–GARCH、神经网络模型等增强 CoVaR 指标的适用性，辅以 MES、CES 等其他风险测度加强论证。刘辛元（2015）使用市场法 CoVaR，结合自己选取指标构建的指标法，评估了我国 16 家上市银行的系统重要性。张宇（2017）用 CoVaR 和 CES 两个指标测度我国 16 家上市银行的系统性风险，结果显示国有四大行风险贡献度最高，且各银行系统重要性排名在时间维度上相对稳定。刘志洋（2018）纳入了 GDP、MPI 等宏观经济指标，研究宏观审慎监管工具的有效性，用 CoVaR、CES、MES、SRISK 等多个指标测度实施宏观审慎约束后我国上市银行的风险溢出效应。张瑞（2019）研究香港恒生指数中银行股的风险溢出效应，改进传统的 CoVaR 法，结合极端分位回归使用非对称Δ CoVaR 方法进行研究，发现银行业的风险溢出水平高于其他金融部门。贺晓宇、车翼（2020）在 CoVaR 和 MES 中加入了 GARCH 和极值理论等模型，研究发现 CoVaR 比 MES 更适用于测度我国金融机构的系统性风险。Christian Brownlees，Ben Chabot 等（2020）发现 CoVaR 和 SRISK 相比于传统标准风险指标能够提前 6 个月的时间对金融机构危机进行预警，有助于识别处于危机时期的系统重要性机构。

指标法是在巴塞尔委员会或者国家监管层提出的指标体系下，对各个银行进行测度排序。在我国未出台 D-SIB 指标法前，学者们主要是在 G-SIB 指标体系基础上，结合国情对指标选择或者权重进行改进，提出更加完善的指标体系进行测度。自 2020 年 12 月中国人民银行和中国银保监会提出我国 D-SIB 识别方法后，利用该指标体系进行评估应用并进行适用性检验的相关论文甚少。本书希望根据该指标框架，对我国符合要求的商业银行的系统重要性进行测度，再辅以市场法中的计量模型对测度结果进行验证，检验当前指标体系的适用性，并对国内系统重要性银行的监管体系提出合理化建议，以提高监管有效性。

4.2　国际监管要求及借鉴

国际社会认识到大型金融机构系统性风险的外部性后，加强了对 SIFI 的监管。2011 年 11 月，在 G20 戛纳峰会上各国领导人批准了由金融稳定委员会提出的，包括解决机制的新国际标准、更强有力和有效的监管、跨境合作要求以及恢复和解决规划在内的系统重要性金融机构的政策框架。其初衷是当任何具有系统重要性或至关重要性的金融公司，无论其规模、业务性质或地理范围如何，在破产时不会造成严重的系统中断，也不会使公众遭受损失。值得注意的是，评估银行的系统重要性不是衡量一个金融机构破产的可能性，而是评估发生风险事件后，对整个金融系统可能产生的负面影响。该框架主要从 SIFI、监管机构和利益相关者三个主体的角度进行规定，提出了包括对 SIFI 的界定和识别要求、监管部门的职责和权利，以及对存款人、债权人等利益相关者的保护措施等 12 个关键点，适用于各个国家、各种类型的金融机构。金融稳定委员会对全球 27 个主要国家的中央银行就 SIFI 评估问题进行调查，调查结果显示所有被调查的央行均认为银行部门的系统重要性最高，保险公司和养老基金位居其次。因此，金融机构中系统重要性银行的自身重要性及监管层对其重视程度进一步凸显。

SIFI 概念和监管框架的提出，为 G–SIB 和 D–SIB 的监管框架打下了坚实的基础，对大型金融机构系统性风险的事前识别和事后处置提供了指导。G–SIB 和 D–SIB 两者既有相互借鉴的共通之处，也有监管框架下的互补效果。巴塞尔委员会于 2011 年 7 月提出了首套 G–SIB 指标体系，用以识别评估 G–SIB。2013 年 7 月，巴塞尔委员会更新了最初的 G–SIB 指标法，该评估框架一直沿用至今。基于评估框架，金融稳定委员会结合信息披露，每年公布 G–SIB 名单，设置该名单一方面是为了加强对影响力较大的大型商业银行的监管，另一方面则是希望通过不同的资本要求设置，对名单中的银行进行激励，鼓励其主动调整业务战略来降低其系统重要性，降低其对宏观经济和金融体系带来的潜在系统性风险。当前巴塞尔委员会采用的评估体系如表 4–1 所示。

表 4-1 巴塞尔 G-SIB 评估体系

一级指标	解　　释	二级指标（2013 年更新版）
跨境活动（20%）	危机时银行跨境业务活动在全球份额比例越大，协调其处置方案就越困难，国际影响越大	跨境资产总额（10%）
		跨境负债总额（10%）
规模（20%）	调整后的表内外资产总额	总风险敞口（20%）
关联性（20%）	衡量与其他金融机构业务活动的相互关联性，系统重要性与关联度呈正相关。发行证券余额替代 2011 版本中的批发融资比例指标。	金融系统内的资产（6.67%）
		金融系统内的负债（6.67%）
		发行的证券余额（6.67%）
金融机构基础设施可替代性（20%）	衡量银行困境时所产生的金融服务缺口和减少的市场流动性对金融体系的影响。可替代性越小，通常客户寻找可替代金融服务的成本越高；可替代性越大，危机时对金融体系的影响越小。	托管资产（6.67%）
		支付活动（6.67%）
		证券市场承销价值（6.67%）
复杂性（20%）	衡量银行业务和运营的复杂程度，复杂性越高，危机时解决问题所需成本越高，系统重要性越强。	场外衍生品名义价值（6.67%）
		三级资产（6.67%）
		交易性金融资产和可供出售资产价值（6.67%）

巴塞尔委员会依据规模指标（即调整后的表内外资产总额）作为参评银行入选标准，规模排在全球前 75 名的银行和上一年入选 G-SIB 的银行参评。相较于只关注单个银行风险的贷款集中度、拨备覆盖率等指标，SIB 的评估更加注重商业银行的外部性及其与其他金融机构的关联性。巴塞尔委员会每年负责收集参评银行上年度各指标数据，用合理的分桶方法（Bucketing Method）将参评银行分为四组，每组设置差异化的附加资本要求，同时设置一个最高分数范围的空组，辅以最高附加资

本要求，间接督促商业银行关注自身风险，避免进一步提高其系统重要性。其中，附加资本增加的是核心一级资本的范畴，资本质量要求较高。金融稳定委员会于当年的 11 月份发布 G–SIB 名单。自第一次公布名单以来，每年入围名单的银行相对稳定，会有个别银行在分类上有升降或进出名单的变化。例如，摩根大通在 2020 年之前一直是名单中第四组的唯一一家银行，但是在 2020 年公布的最新分组中，首次从第四组变化为第三组，第四组的 G–SIB 也就此清空。而中国建设银行则是被提高了一档，从 1% 的附加资本要求提高到 1.5%。

考虑到不同国家监管体系存在差异性，为确保《巴塞尔协议 III》在各国得到一致的实施，巴塞尔委员会建立了“监管一致性评估”（RCAP，Regulatory Consistency Assessment Programme）。巴塞尔委员会将各国 G–SIB 监管框架与《巴塞尔协议 III》的执行结果分为“符合”、“基本符合”、“不太符合”和“不符合”四个等级。巴塞尔委员会在 2016 年 6 月对美国、欧盟[①]、中国、日本、瑞士 5 个涉及 G–SIB 监管的国家或区域组织进行评估，调查结果显示，被调查的 5 个国家或区域组织的 G–SIB 监管框架评估结果均为“符合”这个最高等级，其中美国、中国、瑞士的国内监管要求甚至比巴塞尔监管框架的更为严格。考虑每个国家国情不同，巴塞尔委员会对 D–SIB 监管框架没有结果分级，只要求其与巴塞尔 D–SIB 监管框架的基本原则保持一致即可。美国、欧盟及日本作为典型国家和区域已经建立了较为完善的 D–SIB 监管框架，有益经验我国可以借鉴。

① 2016 年调查时，英国尚未脱欧，属于欧盟成员国，因此该报告中包含英国 G–SIB 和 D–SIB 的评估结果。

4.2.1 美国对系统性金融风险的监管

美国的金融监管采取“双重多头”的监管模式，州一级注册的银行会受到联邦政府和州政府的监管，另外每家美国银行都由一个主要的联邦银行监管机构负责监督和检查。美国的银行体系由货币审计署、美国联邦储备委员会（FRB，简称美联储）和联邦存款保险公司三家机构共同监管，在监管职责上既有重合也有分权。2008 年金融危机后，美国作为全球风险源头，在深刻反思的同时也进行了一系列改革。2010 年颁布的《多德 - 弗兰克华尔街改革和消费者保护法（Dodd-Frank Act）》实现了美国监管体系从被动应对系统性风险到主动防范的转变。该法案给美联储赋予更大的监管职责，但同时它也将受到更严格的监督。除其他审慎监管措施外，该法案要求联邦储备委员会强化对金融机构的资本标准要求，针对“大而不能倒”问题提出有效解决方案，以缓解 SIFI 对金融稳定构成的潜在风险。该法案要求成立金融稳定监管委员会（FSOC，Financial Stability Oversight Council）和金融研究局（OFR，Office of Financial Research），负责识别和管理对国家金融稳定构成潜在威胁的系统性风险，维护市场纪律和金融稳定，维持投资者信心。金融稳定监督委员会的研究办公室负责识别和评定 D-SIB，在资本和流动性等方面提出更加严格的监管要求，由美联储对它们进行监督和管理，定期检查银行压力测试模型和恢复与处置计划等。

美国对 D-SIB 的监管体系分为评估、认定和监管三个环节。评估环节：美国国内有较为成型的 D-SIB 识别框架。首先美国监管层认为 G-SIB 名单中所有的美国银行都是美国的 D-SIB，美国识别 D-SIB 的计算方法完全参照巴塞尔 G-SIB 评估方法，参评银行是总规模超过 500

亿美元资产的银行控股公司（BHC，Banking Holding Company），考察范围是美国参评银行，将计算占比得分的分母由全球的参评银行数据总和换成了美国的参评银行数据总和。具体指标由资本结构、风险、复杂性、金融活动、规模、其他风险相关因素六个部分构成，其中可替代性指标选取巴塞尔 G-SIB 指标法要求的数据或 G-SIB 对短期批发融资的依赖程度两者中较高者作为指标值，评估口径更为严格。

根据美联储 2009 年提出的综合资本分析和审查（CCAR，Comprehensive Capital Analysis and Review）监管体系，所有合并资产总额超过 500 亿美元的银行每年需向美联储提交资本计划，确保银行能在美国经济危机或金融压力情况下，持有用于吸收损失和保证持续经营的资本，同时要求银行对可能影响资本充足率或流动性的业务调整或外部冲击建立应急预案。2010 年，美联储成立了大机构监管协调委员会（LISCC），强化对美国 G-SIB 和其他银行的监管。货币监理署在大型银行内部设立监管团队，针对 D-SIB 风险治理架构等进行监管指导。2015 年 8 月，美联储发布《监管资本规则：对全球系统重要性银行控股公司实施基于风险的附加资本要求》，对国内的 G-SIB 设置 1% 到 4.5% 的附加资本要求，高于巴塞尔对 G-SIB 的附加资本要求上限。从 2016 年 1 月 1 日起将根据巴塞尔委员会要求，在美国实施更高的损失吸收能力要求，于 2019 年 1 月 1 日完全生效。美联储提出了包括流动性、杠杆率和集中度等方面的限制，以及恢复和解决计划的相关要求，还增加了包括短期债务限制和应急资本等在内的附加监管要求。

对于恢复和处置计划方面，美国多个监管机构之间协调分工，其中美联储、财政部和联邦存款保险公司（FDIC）三家机构担负主要职责。当 SIFI 出现破产危机时，美联储有权要求一段时间内禁止其关联机构取消或终止合约，针对不同的交易对手设置不同的过渡期，对银行提供流动性方面的救助。联邦存款保险公司（FDIC）基于“处置成本最小化”原则，对目标机构采取干预措施，设立过桥机构承接资产负债及各项业务，同时参考目标机构制定的还款计划，偿付部分投资者存款，必要时会接管缺乏偿付能力的银行。财政部则是起到“兜底”的作用，在特定条件下负责垫付其他损失费用。

4.2.2 欧盟对系统性金融风险的监管

根据 2010 年通过的欧盟成员国《泛欧金融监管改革法案》，欧盟建立了包括欧洲银行业管理局（EBA）在内的四家泛欧监管机构，另外各成员国央行行长共同组建了欧洲系统性风险委员会（ESRB），对 D-SIB 进行宏观审慎监管，管理对欧洲金融市场稳定产生不利影响的各种潜在风险。2013 年颁布的《资本要求指令》（Capital Requirements Directive，CRD）中提出了系统重要性机构（SII）的识别和监管框架，2014 年 12 月发布的《EBA 指引》对 CRD 进行了补充。根据 CRD，从 2015 年起，欧盟成员国每年进行一次系统重要性机构的识别工作。欧洲银行业管理局每年按照巴塞尔 G-SIB 监管要求，披露规模超过 2000 亿欧元的银行数据，用于识别系统重要性银行，确保欧洲的金融市场不受大型商业银行破产的影响。欧盟成员国须指定一个监管机构负责识别具有全球系统重要性的金融机构。欧洲中央银行（ECB）是在欧元区最大的银行集团主管机构，法国、德国、意大利、荷兰和西班牙的 G-SIBs 受到欧洲中央银行和各国监管层的共同监管。欧盟法律要求成员国的监管层确保银行遵守欧盟和成员国的法律。

欧盟建立了一个类似于 D-SIB 的监管框架，专门识别成员国内其他具有系统重要性但不属于 G-SIB 的金融机构，称为其他系统重要性机构（Other Systematically Important Institution，O-SII），与 D-SIB 不同的是，O-SII 包含银行和投资公司。CRD 确定了评估 O-SII 的指标框架，分别从规模、重要性（包括金融系统基础设施可替代性）、复杂性或跨界活动和关联性四个方面进行评估。

表 4-2 欧盟评估 D-SIB 的指标法内容

一级指标	二级指标
规模（25%）	总资产（25%）
重要性（25%）	国内支付交易金额（8.33%）
	欧盟内私人部门存款（8.33%）
	欧盟内私人部门贷款（8.33%）
复杂性 / 跨境活动（25%）	将巴塞尔 G-SIB 指标法中复杂性和跨境活动的二级指标合并，筛选出 3 项二级指标，分别是场外衍生品（OTC）名义价值、跨境资产和跨境负债总额，等权重赋权
关联性（25%）	与巴塞尔 G-SIB 指标法内容基本一致，3 项二级指标等权重赋权，分别是金融机构间的资产和负债，以及债券余额。

分数大于等于 350 个基点的金融机构应自动被指定为 O-SII。考虑到不同成员国银行部门的特殊性，CRD 允许欧盟各国监管层将该门槛值设定在 275 到 425 个基点之间。CRD 对 SII 提出 0—2% 的附加资本要求，具体分类方法由各成员国自行制定。《EBA 监管审查和评估流程指南》（SREP）自动将系统重要性机构归类为“第 1 类”最高级别，意味着 SII 受到强化监督。欧盟在 2014 年提出了系统风险缓冲区（SRB，Systemic Risk Buffer），特别是针对一部分机构，以预防和缓解未覆盖的系统性风险。

关于系统性风险和银行破产的处置问题，欧盟委员会统一标准，要求按照银行恢复和解决机制——银行和大型投资公司处置的单一规则手册（Single Rulebook）开展对破产银行的处置。欧盟全面有效的处置机制维护了金融和银行服务的稳定，解决了“大而不能倒”的反向激励问题。欧盟立法机构推出《银行恢复和处置指令（Bank Recovery and Resolution Directive）》，该指令建立了一套统一的规则，适用于欧盟成员国管理的信贷机构和投资公司，对金融机构的恢复和处置机制作出规定。该指令扩大了国家对银行干预的权力，同时要求银行自己制定复苏计划，以克服面临倒闭时的困境。如果倒闭，当局将有权运用各种手段工具对银行进行重组，配合产权保护措施按照清偿顺序，将损失合理分配给股东和债权人。此外，在银行联盟内部，重要跨境集团的处置将由单一处置委员会（SRB）管理。在跨境管理方面，欧洲银行业管理局将充当跨境监管合作的联络者和协调人，促进跨境监管合作的达成。

4.2.3 日本对系统性金融风险的监管

2001 年，日本设立金融厅（FSA，Financial Services Agency），取代了原有的分业监管模式，形成了以金融厅一体化监管为核心、日本银行和财务省分工合作的监管模式。金融厅和日本银行协调合作，在宏观审慎、系统性风险管理方面形成了双重监管，共同发挥作用。

日本于 2015 年 11 月修订《银行法（Banking Act）》，宣布日本于 2016 年正式将巴塞尔 G-SIB 监管框架纳入日本的监管体系中，金融厅每年按照巴塞尔 G-SIB 监管框架的要求，识别和监管日本 D-SIB 并披露相关数据，同时开展 D-SIB 的识别和监管工作。日本 D-SIB 的监管框架借鉴了巴塞尔 G-SIB 监管框架，选取指标制定适用于本国国情的指标法，并提出附加资本要求。日本 D-SIB 识别框架按照巴塞尔委员会的要求设置各项一级指标，但日本的 D-SIB 与 G-SIB 在一些二级指标的内容有细微差别。

表 4-3　日本评估 D-SIB 的指标法内容

一级指标	二级指标
规模（25%）	经风险调整后的总敞口，与巴塞尔指标法一致
可替代性 / 金融机构基础设施（25%）	与巴塞尔指标法的 3 个二级指标基本一致，考虑了国别属性，包括日元支付活动、日本客户持有的托管资产和证券市场承销交易，等权重赋权
复杂性（25%）	该项一级指标与欧盟 O-SII 指标法内容一致，3 项二级指标分别是场外衍生品（OTC）名义价值、跨境资产和跨境负债总额，等权重赋权
关联性（25%）	在巴塞尔指标法的 3 个二级指标基础上加入了可供出售权益的市场价值和未保险存款（超过 1 千万日元的部分）总额两个指标，5 个指标等权重赋权

日本监管准则（Japanese Supervisory Guidelines）进一步阐述了每个指标的定义。此外，监管准则指出，指定 D-SIB 的评估不仅依赖指标得分，还辅之以对系统重要性的全面评估，包括特定市场的活动、投资组合构成和定性评估，综合各因素来确定其系统重要性。所有拥有合并资产在 15 万亿日元或以上的国内银行都包括在评估范围内，评估范围包括国内银行和国外银行在日本的子公司。日本银行对金融机构的监管采取现场检查和非现场监管相结合的方式，综合评估 D-SIB 的系统性风险及系统重要性。

2016 年日本除了三家 G-SIB 之外，有四家 D-SIB：大和证券集团、野村控股、诺瑞建银行和三井住友信托控股，这四家公司约占日本银行体系总风险敞口的 15%。如果一家机构同时被指定为 G-SIB 和 D-SIB，则适用于两个附加资本要求中的较高者。D-SIB 的附加资本必须是核心一级资本。此外，D–SIB 还需遵守其他更严格的审慎要求，如巴塞尔委员会的有效风险数据汇总和风险报告原则。金融厅推出《总损失吸收能力（TLAC）条款》，对 G–SIB 和 D–SIB 提出了更高的资本要求，除去巴塞尔对 G–SIB 的附加资本、留存资本缓释和逆周期缓释资本外，总损失吸收能力需要达到 18%（包含一级资本、二级资本和其他合格的 TLAC 工具）。该项政策实施前日本各家银行的总损失吸收能力 11.5%—14.0%，实施后总损失吸收能力达到 21.5%—24.0%，进一步提高了日本 G–SIB 和 D–SIB 的抗风险能力。对于 SIFI，日本对国内银行和国外银行在日本的分支机构区别对待，分别建立了不同的监督机制，针对特定的 SIFI 成立监管小组，及时监控和有计划地干预。

关于恢复和处置计划方面，日本金融厅必要时候会进行干预，干预条件是金融机构的资本充足率是否满足要求，如果低于下限监管部门会及时采取纠正措施。根据有无海外网点和资本充足率具体情况，它将待处置的金融机构分为四类并采取不同强硬程度的处置措施，分别是要求实施经营改善计划、禁止开办新业务或新设网点、大幅度缩减业务和整合分支机构、部分或全部停业。

4.3 中国版 D–SIB 指标法识别及其适用性

2018 年 11 月，我国在《关于完善系统重要性金融机构监管的指导意见》中提出制定中国 D–SIB 的识别机制、具有针对性的特殊监管要求和处置措施等。2019 年 11 月，发布了《系统重要性银行评估办法（意见征求稿）》，提出中国版 D–SIB 的识别框架，包括规模、复杂性、可替代性和关联性四个一级指标，规定规模指标排名前 30 的银行参评

D-SIB，同时对数据口径和计算方法作出了详细规定，评分方法与巴塞尔 G-SIB 指标法一致，规定得分 300 分以上即为 D-SIB，并根据分数范围划定了四组 D-SIB。2020 年 12 月 3 日，中国人民银行和银保监会正式发布《系统重要性银行评估办法》，在意见征求稿的基础上扩大了识别 D-SIB 的分数范围，得分 100 分以上的即被认定为 D-SIB，将入选 D-SIB 的银行名单扩充到五组。

与巴塞尔 G-SIB 指标法识别相比，中国版 D-SIB 识别框架在个别指标内容及分类上存在少量差别。在指标的选取和分类上，中国版的 D-SIB 指标法在规模指标上与巴塞尔协议 III 完全一致，但在复杂性指标方面删除了三级资产，增加了理财业务和非银行附属机构资产，同时将跨境资产和跨境负债并入复杂性一级大类指标并改为跨境债权债务。在可替代性指标方面，删除了证券市场承销交易的价值，并增加了代理代销业务和境内营业机构数量这两个二级指标。此外，在指标权重分配上，巴塞尔 G-SIB 指标法是将五类一级指标各赋予 20% 的权重，二级指标在各自类别中平均分配权重，中国版的 D-SIB 指标法将四类指标各赋予 25% 的权重，二级指标也是在各类一级指标下平均分配权重。除了这些细微差异外，其他指标在含义和分类上都与巴塞尔 G-SIB 指标法相同。

中国版 D-SIB 指标法在巴塞尔 G-SIB 指标法基础上做出的这些修改，更加符合我国银行业发展的实际。第一，近年来，我国银行的理财业务规模迅速扩大，银行理财群体中个人投资者占比很高，例如，2020 年银行理财市场持有理财产品的投资者中，个人投资者占比 99.65%，成为市场绝对主力。而且，由于投资理财面临多种金融风险，理财业务占比越高，潜在经营风险也越大，因此有必要将理财业务纳入系统重要性的评定。第二，不少商业银行在海外设置的分支机构和涉外业务越来越多，且成立基金、证券、租赁、另类投资等金融子公司，开展多元化经营，因此引入跨境债权债务和非银行附属机构资产这两个指标具有实际经济意义。第三，与一些国际大银行相比，我国商业银行的承销业务在整体经营中占比并不突出，在金融体系中投资银行承销这一角色更多的是由券商承担，银行则依靠经营网点布局广泛的优势，代理代销基金、保险等金融产品，赚取手续费。代理代销业务同样是面向公众，存在操作风险和法律风险等各种潜在风险，需要加强监管和风险防范。

根据中国人民银行 2021 年 4 月 2 日发布的《系统重要性银行附加监管规定（试行）（征求意见稿）》，对 D-SIB 提出了差异化的附加资本要求和附加杠杆率要求，资本口径分别为核心一级资本和一级资本，第一组到第五组的银行分别适用 0.25% 至 1.5% 的附加资本要求。另外，监管层对 D-SIB 的恢复和处置计划的主要构成部分作出了规定，为针对 D-SIB 的后续监管措施落地奠定基础。

4.4 中国版 D-SIB 的实证研究

根据中国版 D-SIB 识别框架和指标法的具体要求，本书对 2018—2020 年间中国境内（表内外）总资产规模排名前 30 的商业银行的评分进行估算。考虑到研究对象规模方面的门槛要求，本书以国内所有的国有银行、股份制银行和城市商业银行这三类规模体量相对较大的商业银行作为备选对象。除了三大报表和监管要求的指标外，各家银行年报披露的部分数据信息和口径存在一定差异。为了确保指标法数据可得或可估算，在数据处理上尽量选取各家银行都披露的指标以保持数据的准确性和一致性；对于个别未公开披露数据，选取经济意义上相近的数据进行替代。

在具体的数据处理上，规模指标完全按照巴塞尔的计算口径，关联度指标中金融机构的资产和负债参考了其他学者研究时所选取的数据口径进行估算，发行融资工具这一项主要考虑股票市场和债券市场，纳入流通 A 股和存量债券余额的披露数据，所有者权益工具主要指优先股和永续债等其他融资工具。通过支付系统或代理行结算的支付额和代理代销业务要求的是年内发生额，但是绝大多数银行官网和年报里并未对该数值进行披露，本书假设各家银行对于各个业务的手续费计提比例相同，业务手续费的额度大小反映了各家银行在该业务上的年内发生流量。需要说明的是，对于"非银行附属机构资产"和"境外债权债务"这两个指标，银行几乎都没有进行披露，也没有其他合适的替代数据，因此在本书测算中剔除这两个指标，并在复杂性这一大类中重新平均分配权重。由于 D-SIB 指标法是以各个指标数据占所有参评银行该指标数据总的比例作为该指标的得分，因此数据值相对于银行业总体规模占比更重要，这种简单的指标数据调整的方法对评估结果不会产生实质影响。结合其他学者研究所使用的数据口径和我国 D-SIB 指标法的具体要求，本书所采用的指标及数据口径如表 4-4 所示。

表 4-4　D-SIB 指标法和本书采用的方法

一级指标	变量	二级指标	本书数据计算口径
规模（25%）	X_1	经调整的表内外资产余额	一级资本 / 杠杆率
关联度（25%）	X_2	金融机构间资产（8.33%）	存放同业款项 + 买入返售金融资产净额 + 拆出资金净额

续表

一级指标	变量	二级指标	本书数据计算口径
关联度（25%）	X_3	金融机构间负债（8.33%）	同业及其他金融机构存放款项＋卖出回购金融资产＋拆入资金
	X_4	发行证券和其他融资工具（8.33%）	存量债券余额＋所有者权益工具＋流通A股
可替代性（25%）	X_5	通过支付系统或代理行结算的支付额（6.25%）	结算和清算业务手续费
	X_6	托管资产（6.25%）	托管资产总规模
	X_7	代理代销业务（6.25%）	代理业务手续费
	X_8	境内营业机构数量（6.25%）	营业机构现有数量
复杂性（25%）	X_9	衍生产品（5%）	衍生产品金额（8.33%）
	X_{10}	交易类和可供出售证券（5%）	交易类金融资产＋可供出售类金融资产（8.33%）
	X_{11}	非银行附属机构资产（5%）	—
	X_{12}	理财业务（5%）	理财产品存续余额（8.33%）
	X_{13}	境外债权债务（5%）	—

采用表4–4中指标进行数据整理，得到指标总得分（total score，TS）计算公式如下：

$$TS=\sum_{i=1}^{13} w_i \frac{X_{ij}}{\sum_{j=1}^{30} X_{ij}} \times 10000 \tag{4–1}$$

其中，w_i 是各个二级指标的权重，X_{ij} 是第 j 家银行第 i 项指标的数值。先求出银行13个二级指标的得分，分子是原始数据，分母是30家入围银行的对应二级指标数据之和，扩大10000倍得到该项二级指标得分，再将各个二级指标得分进行加权平均，得到各家银行系统重要性得分。对我国规模前30名的商业银行进行D–SIB评估，得分结果如表4–5所示。

表 4-5　我国 D-SIB 指标法实证结果

2020 年		2019 年		2018 年	
银行简称	得分	银行简称	得分	银行简称	得分
第五组：1400 分以上（1 家或空组）					
工商银行	1404 分			工商银行	1478 分
第四组：600—1399 分（4 家）					
农业银行	1146 分	工商银行	1397 分	农业银行	1197 分
中国银行	1112 分	中国银行	1165 分	中国银行	1166 分
建设银行	1045 分	农业银行	1129 分	建设银行	1078 分
		建设银行	990 分		
第三组：450—599 分（4—5 家）					
招商银行	526 分	交通银行	588 分	邮储银行	579 分
邮储银行	519 分	招商银行	551 分	交通银行	515 分
民生银行	458 分	邮储银行	507 分	招商银行	514 分
交通银行	456 分	兴业银行	498 分	民生银行	486 分
兴业银行	450 分				
第二组：300—449 分（2—3 家）					
浦发银行	433 分	浦发银行	415 分	兴业银行	419 分
中信银行	412 分	民生银行	415 分	浦发银行	412 分
		中信银行	372 分	中信银行	374 分
第一组：100—299 分（9 家）					
光大银行	265 分	光大银行	262 分	光大银行	280 分
平安银行	242 分	平安银行	216 分	平安银行	215 分
广发银行	198 分	广发银行	165 分	北京银行	149 分
华夏银行	167 分	北京银行	161 分	广发银行	141 分
上海银行	161 分	宁波银行	142 分	华夏银行	139 分
北京银行	129 分	上海银行	142 分	南京银行	123 分
宁波银行	124 分	华夏银行	132 分	上海银行	122 分

续表

2020 年		2019 年		2018 年	
银行简称	得分	银行简称	得分	银行简称	得分
江苏银行	118 分	江苏银行	127 分	江苏银行	111 分
浙商银行	113 分	浙商银行	106 分		
参评但未进入 D–SIB 银行名单（<100 分）					
南京银行	86 分	南京银行	96 分	浙商银行	93 分
恒丰银行	59 分	盛京银行	65 分	恒丰银行	75 分
盛京银行	57 分	渤海银行	52 分	宁波银行	62 分
杭州银行	56 分	徽商银行	51 分	渤海银行	61 分
徽商银行	55 分	杭州银行	51 分	徽商银行	56 分
渤海银行	53 分	恒丰银行	50 分	杭州银行	55 分
厦门国际银行	50 分	锦州银行	49 分	锦州银行	37 分
中原银行	35 分	厦门国际银行	39 分	厦门国际银行	37 分
锦州银行	34 分	天津银行	34 分	盛京银行	33 分
天津银行	32 分	中原银行	31 分	天津银行	31 分
				哈尔滨银行	29 分

根据评估结果可发现，我国的中农工建四大国有行排名靠前且保持稳定，按现行标准都处于第四组内，是进入 G–SIB 名单的中国境内设立的银行，即具有全球系统重要性，同时也具有很强的国内系统重要性，因此进入了 D–SIB 名单。值得注意的是，中农工建四大国有行的 D–SIB 名单排名与 G–SIB 名单排名有细微差异：中国银行在 G–SIB 名单排名中在四大国有行中最为靠前，处于第二组中；中国工商银行和中国建设银行紧随其后，两家银行分别于 2019 年和 2020 年跻身于 G–SIB 名单第二组中；中国农业银行一直处于 G–SIB 名单的第一组中。然而，中国银行在中国 D–SIB 名单未能拔得头筹，这是与中国银行的业务结构紧密相关的。中国银行是我国最先进入国际市场的商业银行，是外汇和外

贸业务的专业性银行，国际业务相比国内业务更有基础和优势，其全球系统重要性相较全国系统重要性更为显著。

同时，从评估结果可以看出，四大国有行总得分基本都在 1000 分以上，遥遥领先于后面其他银行，表明我国银行业头部集中趋势较为明显。其中，工商银行近年来发展迅速，成为全球银行业表内外资产规模最大的银行，其系统重要性排名位列第一，得分一直在 1400 分左右，在第四组和第五组的组别徘徊。第三组是交通银行和邮储银行这两家国有银行，以及招商银行、民生银行等大型股份制银行，第二组是浦发银行、兴业银行和中信银行等股份制银行。从第二组至第四组，排名靠前的是六大国有银行和部分大型股份制银行。在最低等级第一组中，有光大银行、华夏银行和平安银行这些股份制银行，还有北京银行、上海银行、江苏银行、南京银行等发展迅速的城商行。

需要补充说明的是，中国平安保险集团（简称平安集团）开展了覆盖保险、银行、投资理财等多元化的金融业务，虽然平安集团在 2014 年时已经进入了全球系统重要性保险机构名单，但是平安银行并未进入全球系统重要性银行的名单。这是因为平安集团属于多元金融保险机构，SIFI 评估是基于整个集团层面的数据口径，而进行 D–SIB 评估时，平安银行作为平安集团的子公司独立进行，集团子公司或者其他业务不能纳入评估体系。相比于招商银行、浦发银行等股份制银行而言，平安银行没有开展其他业务的附属机构，其银行业务规模和市场占有率也不占优势，因此 D–SIB 排名并不是很高。评估分类的实证结果基本符合预期，反映出中国版 D–SIB 评估方法具备一定的科学性和有效性。

根据指标法实证研究计算的结果，对四个一级指标得分进行分析，讨论各个一级指标的内在关系和它们与总得分的关系，能够进一步剖析D-SIB 指标法的内在逻辑和适用性。

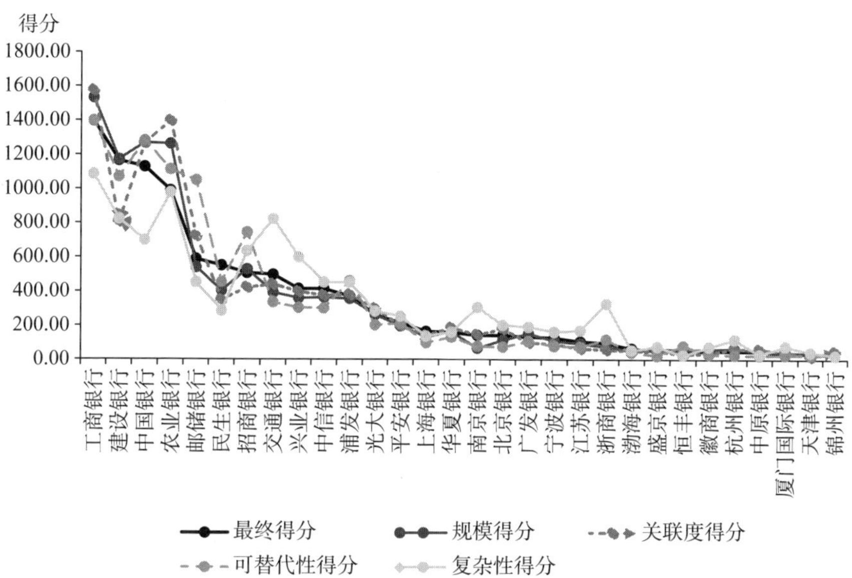

图 4-1　2020 年 D-SIB 名单中各一级指标得分与最终得分情况

图 4-1 展示了 2020 年 D-SIB 指标法得分情况，发现在四项一级指标中，规模得分与最终得分无论是在排序上还是在绝对数值上都十分接近，规模指标可以作为对最终得分结果的一个粗略测算。采用 2018 年和 2019 年数据得到的 D-SIB 评估结果，可以发现相同的结论：虽然规模指标只占 25% 的权重，但是指标法评估的得分情况和最终排序结果与规模指标大致相同，规模是最能反映其系统重要性的一个至关重要因素。中农工建四大国有行在规模指标上具有绝对优势，其规模得分与最终得分的排名不尽相同，但分组结果基本相同；对于排名相对靠后的股份制银行和城市商业银行而言，规模指标得分与最终得分相差不大，部分中小银行的最终得分可以考虑用规模指标简化，作为指标法的替代指标。

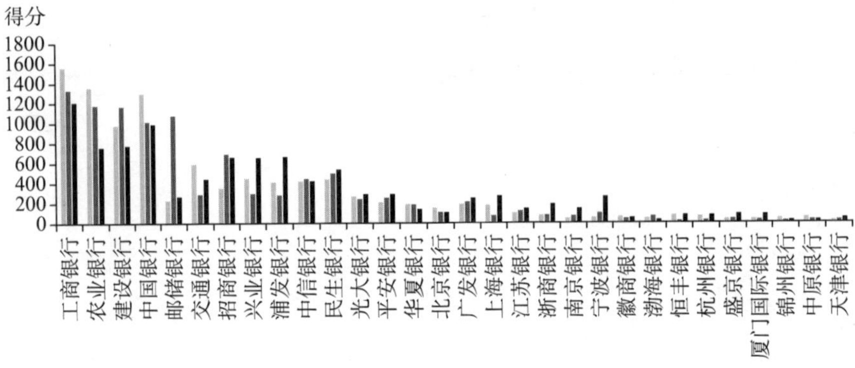

图 4–2　2020 年 D–SIB 名单按规模指标排序后其他一级指标得分情况

由图 4–2 可看出，规模外的其它一级指标得分与规模指标整体呈现出高度正相关性，即总规模越大，其它指标通常得分也相对较高。这是缘于不同业务之间可能存在协同效应或者规模经济，总规模越大意味着其它各业务板块的资源越多，市场占有率也相对较高，从而进一步强化其规模优势。因此，规模指标得分排序结果在众多指标中最具代表性，在很大程度上决定了最终排序结果，若仅对规模指标排序，不失为 D–SIB 评估的一种简易方法。

在规模指标之外，由于不同银行的业务发展模式和经营战略存在差异，D–SIB 二级指标的得分与最终排名存在较大差异，也体现了商业银行的差异化竞争战略。例如，招商银行的理财业务是其优势业务之一，其理财产品存续规模也位居行业第二，因此理财业务指标得分仅次于工商银行；建设银行的 A 股流通股数量非常少，因此发行证券等融资工具的指标得分明显低于其他同类银行。

D–SIB 的排序和分组可应用于差别化监管，并使监管更加精准。值得一提的是，我国 2020 年 G–SIB 名单中，中国银行、建设银行和工商银行的附加资本要求为 1.5%，中国农业银行的附加资本要求为 1%，而本书中四家银行用指标法测算发现均位于第四组，因此 D-SIB 名单中第一组至第三组其它 D-SIB 的附加资本要求应该低于该要求，设置为 1% 以下。

根据 D-SIB 的评估结果，除了中国人民银行在对 D-SIB 监管的意见征求稿中的基本框架内容外，根据每组银行的性质和特点，可以从以下三个梯队的银行展开差异化精准监管。

第一梯队是规模导向型的系统重要性银行，主要是第四组和第五组的银行，目前仅有四大国有行入围，它们既是 D-SIB 同时也是 G-SIB，在我国适用最高的附加资本要求。该得分结果主要是其在总规模方面相比其他银行具有绝对优势，规模体量基本达到第三组的银行规模体量的两倍以上，其系统重要性得分更多地取决于其规模效应，由于庞大的规模体量，各个业务的市场占比也相对较高，这就要求监管层需要从一个更加综合性的角度去进行监管。同时，这些银行的非银行附属机构数量较多，且涉及的业务领域多样，经营范围广泛，规模体量较大，集团内部的风险不一定来自其银行板块，也需要关注其他子公司的经营合规度和风险集中度，加强对该银行集团层面其他子公司业务的穿透式监管，不局限于其银行业务可能引发的系统性风险。

第二梯队是经营战略驱动型的银行，由第二组和第三组银行构成，包括邮储银行、交通银行和其他规模较大的股份制银行。它们之间规模体量差距不大，且得分排序在较为稳定的区间里浮动，排序分组的结果主要取决于经营战略的差异性，例如理财或者托管等某一项业务在业内市场占有率非常高，可能存在业务集中度过高的结构性风险，但是在 D-SIB 总得分中并没有体现出来。应当对这些银行的单项指标设置特定的警戒线，当某项指标得分过高时，针对相应业务要求计提更高的风险损失准备或者附加专项资本，弥补 D-SIB 总得分中忽略结构性风险的不足。

第三梯队是快速发展的银行，主要是第一组的股份制银行和规模较大的城市商业银行。它们虽然在规模上与头部银行存在较大差距，处于快速成长发展阶段，业务模式更加灵活，经营战略相对激进，规模扩张迅速，部分城商行近年来网点数量快速增长，其总规模已经能与部分股份制银行齐肩，但业务结构不合理和不良率偏高等问题也逐渐凸显。虽然有些进入 D-SIB 名单的城商行业务范围尚未遍及全国，但在一些城市的市场占有率较高，具有较大的话语权，需要当地监管机构给予更多关注，加强对区域性系统性风险的防范。

4.5 市场法模型的验证

指标法是国际上监管层普遍使用的评估 D-SIB 的方法，本书的实证评估结果符合现实，但是还需要结合其他实证方法进行进一步的验证。本书采用市场法 CoVaR 模型，建立 GARCH-Copula-CoVaR 模型，通过测度其风险溢出效应对部分上市银行的系统重要性进行排序，对 D-SIB 指标法结果加以验证。

GARCH-Copula-CoVaR 模型建模主要分为以下三步：首先用 GARCH 模型对时间序列数据进行拟合，得到标准化的残差序列。其次采用 Copula 模型建模，根据似然比等指标选择拟合最优的 Copula 模型并估计参数，得到数据的 Copula 函数。常见的有正态 Copula、Student t-Copula、Gumbel Copula、Clayton Copula、Frank Copula 以及 Joe Copula 六种函数。

最后估计 CoVaR 的主要有两种方法，一种是根据 Copula 函数求边缘分布下的条件分位数，另一种是用蒙特卡洛模拟法，大量重复生成模拟数据计算 CoVaR 值。

CoVaR 条件在险价值是衡量系统性风险溢出效应的常用指标，Adrian 和 Brunnermeier（2008）提出的 CoVaR 法，它是指当金融机构 i 的风险水平为 VaR_q^i 时，金融机构 j 的风险水平。公式表示为：

$$Prob\left(X^j \geqslant CoVaR_q^{ij} \mid X^i=VaR_q^i\right)=q \tag{4-2}$$

其中，X^i 收益率，q 为显著性水平。$CoVaR$ 指标中包含了无条件风险价值和溢出风险价值两个部分，对于溢出风险价值被定义为：

$$\Delta CoVaR_q^{ij}=CoVaR_q^{ij}-VaR_q^j \tag{4-3}$$

由于 $\Delta CoVaR$ 本身是一个绝对指标，标准化处理后得到 $\%\Delta CoVaR$。表达式如下：

$$\%\Delta CoVaR_q^{ij}=\left(\Delta CoVaR_q^{ij}/VaR_q^j\right)\times 100\% \tag{4-4}$$

$\%\Delta CoVaR$ 是一个相对指标，便于比较不同金融机构 i 在极端情况下对整个金融体系的风险贡献度，该数值越高，意味着该金融机构发生风险时，对整个金融体系的风险溢出效应越强，其系统重要性也越高。

由于数据的可得性，以下将采用 GARCH-Copula-CoVaR 模型来验证我国 2008 年以前上市的银行 D-SIB 的稳健性。研究样本共有 14 家银行，其中有 4 家国有银行，7 家股份制银行和 3 家城商行。时间跨度上，考虑到近十几年来发生过三次影响重大的股灾，数据时间跨度为 2008 年 1 月 1 日至 2021 年 1 月 4 日，对这些上市银行的股票收益率进行分析。本书选择沪深 300 指数（399300）和 Wind 金融指数（882007.WI）作为风险溢出的参考对象，对这些上市银行的股票收益率进行分析，研究各家上市银行对经济体系和金融体系的风险溢出情况。其中，沪深

300 指数是常用指数之一，是反映宏观经济和股票市场的晴雨表，Wind 金融指数根据 Wind 一级行业分类中金融板块所有上市公司股票数据制得，这两个指数分别从不同维度反映金融行业的市场状况，数据均可通过 Wind 金融终端获得。14 家上市商业银行对数收益率的描述性统计结果如表 4–6 所示。

表 4–6 描述性统计结果

银行名称	平均值	中位数	最大值	最小值	标准差	偏度	峰度	JB 检验	P 值	样本数
平安银行	0	–0.0004	0.0955	–0.105	0.0179	–0.076	8.77	4166.08	0	3164
宁波银行	0.0001	0	0.0957	–0.1056	0.0241	0.043	6.59	1610.88	0	3164
浦发银行	0.0003	0	0.096	–0.1055	0.0236	–0.044	6.20	1282.59	0	3164
华夏银行	0	0	0.0957	–0.1057	0.0221	0.020	7.91	3008.54	0	3164
民生银行	–0.0001	0	0.0959	–0.1059	0.0222	–0.112	7.41	2441.6	0	3164
招商银行	0.0001	0	0.0962	–0.1054	0.02	0.100	8.28	3492.44	0	3164
南京银行	0.0002	0	0.0955	–0.1054	0.0214	0.035	7.07	2072.82	0	3164
兴业银行	0	–0.0004	0.0955	–0.105	0.0179	–0.076	8.77	4166.08	0	3164
北京银行	0.0001	0	0.0958	–0.1056	0.0228	–0.027	7.16	2164.19	0	3164
交通银行	–0.0001	0	0.0958	–0.1055	0.0205	0.036	8.19	3361.92	0	3164
工商银行	–0.0002	0	0.0962	–0.106	0.0192	–0.091	10.03	6177.36	0	3164
建设银行	0	0	0.0958	–0.1054	0.0157	–0.143	11.25	8515.78	0	3164
中国银行	0	0	0.0957	–0.1064	0.0175	–0.009	9.63	5490.71	0	3164
中信银行	0	0	0.0968	–0.1058	0.0157	0.314	12.08	10337.48	0	3164

统计结果表明，各家银行对数收益率的平均值和中位数几乎都接近零。根据 Jarque–Bera 统计量可知，各家银行的收益率分布具有尖峰厚尾的非正态分布特征。根据平稳性检验结果，本书所使用的所有时间序列都平稳，不存在单位根。

ARCH（自回归条件异方差）效应是金融时间序列中经常出现的问

题，检验结果如表 4–7 所示。LM 检验结果可以看出，所采用的时间序列都有显著的 ARCH 效应，因此建立 GARCH 模型，解决 ARCH 效应问题。采用 Box–Ljung 方法可以检验序列相关性，根据 BL 检验结果可发现，所采用的时间序列存在自相关，属于非白噪声，因此需要 ARMA 模型进行拟合。

表 4–7　自相关检验（lag=5）和 ARCH 效应检验

序列名称	BL 检验	p 值	LM 检验	p 值	序列名称	BL 检验	p 值	LM 检验	p 值
沪深 300	22.93	0.00	108.66	0.00	南京银行	23.83	0.00	232.49	0.00
WIND 金融	19.94	0.01	108.86	0.00	兴业银行	13.27	0.03	123.19	0.00
平安银行	15.63	0.01	57.56	0.00	北京银行	21.26	0.00	151.09	0.00
宁波银行	21.55	0.00	82.15	0.00	交通银行	27.61	0.00	148.29	0.00
浦发银行	13.47	0.03	125.14	0.00	工商银行	32.56	0.00	199.96	0.00
华夏银行	15.46	0.01	116.43	0.00	建设银行	27.17	0.00	307.70	0.00
民生银行	12.48	0.05	111.75	0.00	中国银行	14.22	0.02	227.88	0.00
招商银行	14.22	0.03	116.28	0.00	中信银行	14.61	0.02	140.41	0.00

考虑到时间序列数据存在 ARCH 效应和自相关，本书选择 ARMA（1，1）和 GARCH（1，1）模型对数据进行拟合，表 4–8 为模型参数的估计结果。

表 4–8　ARMA–GARCH 模型参数估计结果

	截距项	AR(1)	MA(1)	omega	Beta	Alpha
沪深 300	–8.80E–05 （–1.236）	0.771*** （5.562）	–0.807*** （–6.329）	7.60E–06* （3.759）	0.126*** （6.15）	0.876*** （51.499）
WIND 金融	1.16E–04 （0.476）	–0.219 （–0.607）	0.198 （0.544）	1.37E–06** （2.696）	0.058*** （6.680）	0.943*** （123.26）

续表

	截距项	AR(1)	MA(1)	omega	Beta	Alpha
平安银行	-3.80E-05 （-0.14）	-0.183 （-0.47）	0.156 （0.396）	1.03E-06 （1.587）	0.105*** （5.022）	0.916*** （70.712）
宁波银行	5.90E-05 （1.13）	0.782*** （15.926）	-0.834*** （-19.428）	3.72E-06* （2.254）	0.054*** （5.71）	0.943*** （95.077）
浦发银行	-4.07E-04 （-1.305）	-0.440 （-1.777）	0.422 （1.661）	2.34E-06** （2.576）	0.793*** （5.179）	0.928*** （76.042）
华夏银行	-2.89E-04 （-1.032）	-0.227 （-0.434）	0.193 （0.364）	1.87E-06** （2.708）	0.0892*** （6.519）	0.918*** （85.54）
民生银行	-7.06E-05 （-0.818）	0.643 （2.039）	-0.678 （-2.207）	2.25E-06** （2.932）	0.115*** （6.267）	0.900*** （67.296）
招商银行	3.80E-05 （0.155）	0.018 （0.034）	-0.038 （-0.07）	1.78E-06* （2.189）	0.057*** （6.263）	0.946*** （116.567）
南京银行	-8.86E-06 （-0.225）	0.810 （10.156）	-0.846*** （-11.623）	2.67E-06* （2.37）	0.651*** （5.797）	0.936*** （90.951）
兴业银行	-6.98E-05 （-0.231）	-0.327 （-0.768）	0.320 （0.74）	1.25E-06* （2.399）	0.637*** （5.865）	0.941*** （104.561）
北京银行	-1.27E-04 （-0.827）	0.219 （0.569）	-0.265 （-0.695）	2.98E- 06*** （3.401）	0.121*** 6.085（ ）	0.892*** （64.078）
交通银行	-2.10E-04 （-0.995）	-0.110 （-0.224）	0.090 （0.181）	2.50E- 06*** （3.362）	0.097*** （5.903）	0.907*** （66.681）
工商银行	2.82E-05 （0.832）	0.777*** （7.657）	-0.801*** （-8.599）	3.52E- 06*** （4.114）	0.118*** （6.411）	0.876*** （53.475）
建设银行	1.47E-04 （0.425）	-0.902*** （-14.1）	0.912*** （14.4）	3.98E- 06*** （3.68）	0.118*** （6.22）	0.881*** （51.985）

续表

	截距项	AR(1)	MA(1)	omega	Beta	Alpha
中国银行	–2.39E–05（–1.24）	0.697***（5.56）	–0.744***（–6.33E）	3.04E–06***（3.76）	0.115***（6.15）	0.88***（51.5）
中信银行	–8.80E–05（–1.24）	0.770***（5.56）	–0.807***（–6.33）	7.60E–06***（3.76）	0.126***（6.15）	0.876***（51.5）

由模型拟合结果可以看出，GARCH 模型的主要参数在 1% 的显著性水平下都不等于零，部分时间序列的 ARMA 模型系数并不显著，且所有截距项都不显著异于零。对 ARMA（1，1）–GARCH（1，1）模型拟合结果，进行检验，检验其残差是否存在自相关和 ARCH 效应，拟合效果是否良好。经过 ARMA（1，1）–GARCH（1，1）建模后，所有时间序列不存在 ARCH 效应，模型拟合效果良好。

对数似然估计（LL，log likelihood）和 AIC 信息准则两个指标，可以用于从 6 个 Copula 模型中选择最优模型。根据 Copula 模型拟合后的 LL 和 AIC 的指标值，可以发现这些银行数据的 t–Copula 的拟合效果最佳，Frank Copula 效果位居其次，这两种 Copula 都具有对称的特征，说明银行体系随着两种指数向上向下波动的相关性基本对称。因此，统一使用 t–Copula 进行建模，并进行参数估计。基于参数估计结果生成对应的 t–Copula 分布，利用蒙特卡洛模拟方法，每次按照估计出的 t–Copula 分布函数随机生成 10000 组数据，并将该过程重复 10000 次，求出银行处于置信水平 95% 下风险水平为 VaR 时，沪深 300 指数和 WIND 金融指数在 95% 的置信水平下对应的 CoVaR、Delta CoVaR 值及标准化后的百分比 Delta CoVaR 值即 %Delta CoVaR。实证研究发现，

14 家上市银行的市场股票收益率对沪深 300 指数和 Wind 金融指数的风险贡献度的结果分别如表 4–9 所示。

表 4–9 沪深 300 指数和 Wind 金融指数 GARCH–Copula–CoVaR 实证结果

沪深 300 指数				Wind 金融指数			
银行简称	CoVaR1	Delta CoVaR1	%Delta CoVaR1	银行简称	CoVaR2	Delta CoVaR2	%Delta CoVaR2
工商银行	−0.035901	−0.008112	0.327239	工商银行	−3.759599	−1.037484	0.443514
建设银行	−0.035668	−0.007878	0.321271	建设银行	−3.837860	−1.115745	0.443328
中国银行	−0.036206	−0.008416	0.305728	中国银行	−3.830558	−1.108443	0.434727
浦发银行	−0.035907	−0.008118	0.302866	招商银行	−3.754340	−1.032225	0.427619
兴业银行	−0.036050	−0.008260	0.299865	宁波银行	−3.769975	−1.047860	0.409882
招商银行	−0.036108	−0.008319	0.299362	浦发银行	−3.886142	−1.164027	0.407199
北京银行	−0.035438	−0.007649	0.298894	中信银行	−3.726368	−1.004253	0.401102
民生银行	−0.036122	−0.008333	0.297250	交通银行	−3.763674	−1.041559	0.396090
交通银行	−0.036095	−0.008306	0.293586	北京银行	−3.792475	−1.070360	0.393209
华夏银行	−0.035948	−0.008159	0.292111	民生银行	−3.800318	−1.078203	0.384943
平安银行	−0.036883	−0.009094	0.291901	兴业银行	−3.929411	−1.207296	0.382629
中信银行	−0.036717	−0.008928	0.287310	平安银行	−3.928905	−1.206790	0.381132
宁波银行	−0.036285	−0.008496	0.283494	华夏银行	−3.905491	−1.183376	0.379200
南京银行	−0.035774	−0.007984	0.275247	南京银行	−3.813959	−1.091844	0.368924

注：CoVaR1、Delta CoVaR1 和 %Delta CoVaR1 代表沪深 300 指数的实证结果值，CoVaR2、Delta CoVaR2 和 %Delta CoVaR2 代表 Wind 金融指数的实证结果值。

其中，%Delta CoVaR 的数值体现了这些上市商业银行对沪深 300 指数和 Wind 金融指数的风险贡献度，其大小排序则反映了该商业银行在国内金融体系中的系统重要性。对比来看，可以发现由于两个指数的经济范畴不同，商业银行对 Wind 金融指数的风险贡献度整体高于沪深 300 指数。商业银行是金融体系的核心主体，更多扮演着服务于实体经济、促进资金融通的角色，在金融体系中具有举足轻重的地位，风险溢出效应更为明显。商业银行一旦发生风险事件，金融体系受到的冲击必然大于实体经济。系统重要性更加突出。

市场法 CoVaR 的测度结果也显示，工商银行的风险贡献度位居首位，建设银行和中国银行紧随其后。浦发银行、招商银行等股份制银行的风险贡献度处于较高水平，三家城商行的风险贡献度相对较低。这一结果与指标法的结果保持基本一致，交叉验证了指标法识别系统重要性银行的有效性。

4.6 结论与建议

我国的 D–SIB 识别框架在巴塞尔 G–SIB 识别框架的基础上，结合我国国情对部分指标进行了调整，其内容和方法与国际实践基本一致。根据我国 D–SIB 识别框架，采用指标法进行测算，可以发现中农工建四大国有行的系统重要性最高，得分远远高于其他商业银行，其中工商银行的系统重要性位居首位。交通银行、邮储银行、大型股份制银行和部分规模较大的城商行进入 D–SIB 名单，得分依次递减，该结果与预期相符，也符合经济意义。进一步深入分析可以发现，系统重要性排名与商业银行的规模排序大体相同，也就是说规模指标是最重要的影响因素。利用市场法 GARCH–Copula–CoVaR 模型，测算结果与指标法测算结果基本一致，在一定程度上验证了指标法识别系统重要性银行的有效性。

当前，我国提出了 D–SIB 识别框架，对于具体的监管和风险处置措施只出台了政策指引，详细规则还未细化。具体建议措施如下。

第一，成立相应专业机构。建议借鉴 G–SIB 框架，由中国人民银行牵头其他监管机构成立 D–SIB 和危机管理领导小组。明确我国危机管理领导小组的具体职能和分工，设置政府对系统重要性银行监管的干预条件，制定多种可供选择的处置工具和相机抉择的恢复策略，明确各种风险缓释工具的种类及其使用顺序，对具体恢复计划做出明确具体安排。

第二，制定好风险处置预案。在风险处置方面，根据具体风险事件制定不同的处置计划和强制执行措施，并进行可行性评估，对于特别大型的 D-SIB 可以制定特别的处置计划，在可行范围内最大限度降低风险溢出的负外部性。对于恢复计划和处置计划难以解决的风险，应设立临时性的紧急流动性安排或者救助计划，以应对各种极端事件。

第三，实施差异化监管策略。针对评估结果，对不同组别可采取差异化监管措施，除了附加资本充足率的差异化要求，对不同组别的 D-SIB 可以结合组内银行风险采取有针对性的监管政策，除了关注总得分外，二级指标的得分应纳入考量，针对个别二级指标得分过高的 D-SIB 设置专项监管要求，避免业务结构不合理的经营风险。资本数量上划分档级外，还可以在资本质量上采取松紧程度不同的要求。巴塞尔委员会 G-SIB 监管框架下附加核心资本的要求都是核心一级资本，对于系统重要性较低的 D-SIB 可以考虑放宽至其他一级资本和二级资本。

第四，加强国际监管协调。由于 D-SIB 和 G-SIB 监管内容存在交叉和差异，而我国的部分 D-SIB 同时也是 G-SIB，因此需要强化监管措施国际协调。我国的监管层应加强同巴塞尔委员会和金融稳定委员会的交流合作，借鉴国际先进的监管理念和管理经验，促进各国银行在相对平等的监管框架下公平竞争。对于跨国经营的金融机构，需要与东道国监管层建立合作监管机制，成立合作小组，共同监管系统重要性金融机构的风险，明确划分各自职责并制定跨国恢复和处置计划，有效防范和处置系统性风险。

第5章

我国银行业系统性金融风险的测度

实现高质量监管的前提条件是能将系统性金融风险精准地测度出来。本章将在系统性金融风险测度理论的基础上，探讨中国系统性金融风险的个性化特征，并以银行业为例，对银行业的系统性金融风险及其贡献进行测度，以捕捉系统性金融风险的监管目标和工具，做到有的放矢。

5.1 系统性金融风险测度的理论基础

金融压力是内外部市场冲击产生的结果，也是金融风险在形成、累积、转化和扩散的一个过程，在此过程中，相关的经济状态从均衡转向失衡，又从失衡走向均衡，最后逐步扩散。因此，金融压力指数（Financial Stress Index，FSI）能够较好地反映整个金融体系由于不确定性和预期损失变化所承受的系统性风险水平。该指数由一国各主要金融市场的相关指标体系构成，可以作为连续变量，其极端情形表现为系统性金融风险。

金融压力指数法具备以下优点：（1）压力指数法应用范围广、准确度较高；（2）压力指数法适合测量发展中国家的整体金融风险水平，符合我国金融改革转型的特点；（3）压力指数法由单一数据研究转向多源数据研究，能够考虑范围更广的行业数据、市场数据以及宏观数据。我国学者借鉴金融压力指数法，已经构建出反映系统性金融风险的若干相关指数，所构建的指数能够较好地反映金融发展状况及金融风险水平，也为本书测度我国银行业系统性风险提供了良好的理论基础。其中代表性的有：

（1）金融失衡指数。陈雨露和马勇（2013）[①]选取经济主体行为和市场动态过程两个角度构造了金融失衡指数。研究表明，金融失衡指数能够有效解释经济运行周期中的金融失衡现象，而且该指数领先于传统的 FCI、PMI 等指数，测量结果也更加符合我国的经济实情。

（2）金融稳定指数。郭红兵和杜金岷（2014）[②]采用 UECM 模型及边界检验的协整方法，运用我国 2002 年至 2003 年中 9 个季度的数据构建出金融稳定状况指数（FSCI），发现其中 4 个季度的 FSCI 低于文章所设置的 FSCI 下边界，代表这些时段存在金融不稳定。

（3）中国金融状况指数。李正辉和郑玉航（2015）[③]构建了三区制马尔科夫转换模型和变参数状态空间模型，合成了中国金融状况指数，该指数用于研究金融运行对实体经济发展的有效作用程度。研究发现，我国的金融行情存在“区制转换”的特征。

（4）金融压力指数。许涤龙和陈双莲（2015）[④]采用 CRITIC 赋权法构建了金融压力指数，并从房地产、股市、银行市场和外部金融市场等多角度综合测度我国的金融压力，发现我国系统性风险从 2012 年开始

① 陈雨露，马勇，“构建中国的‘金融失衡指数’：方法及在宏观审慎中的应用”，《中国人民大学学报》，2013 年第 27 期，第 59–71 页。

② 郭红兵，杜金岷，“中国金融稳定状况指数的构建”，《数量经济技术经济研究》，2014 年第 5 期，第 100–116 页。

③ 李正辉，郑玉航，“金融状况指数的动态特征及其有效性研究”，《财经理论与实践》，2015 年第 4 期，第 42–47 页。

④ 许涤龙，陈双莲，“基于金融压力指数的系统性金融风险测度研究”，《经济学动态》，2015 年第 4 期，第 71–80 页。

达到了较高水平。王维国和王际皓（2016）[①] 采用 MSIH-VAR 模型、基于金融压力指数的研究方法分别构建货币危机指数、银行业危机指数和资产价格波动压力指数，综合三个角度判断我国 2000 年至 2015 年的金融发展情况，这也是源于金融压力指数的研究思想。

5.2 中国系统性金融风险个性化形成机制

习近平总书记多次强调防止发生系统性金融风险是金融工作的永恒主题。党的十九大报告也将防范化解重大风险作为三大攻坚战之首。一方面说明了中国经济在经历 40 多年的调整增长过程中，积累了一定的系统性金融风险；另一方面也反映了中国政府和监管层对防范系统性金融风险的重视程度。相对于共性化的形成机制，我国的系统性金融风险又存在一定的个性化特征。下面分别从这些影响因素来对中国系统性金融风险的形成机制进行分析。

5.2.1 经济不确定性因素

中国经济经历改革开放后 40 多年高速增长，尤其是为了缓解 2008 年国际金融危机带来的经济下行压力，实施了“四万亿”的强刺激政策，2008 年至 2011 年 GDP 年均增长 9.6%，进入经济“新常态”。主要特征为“三期叠加”，即“经济增长速度进入换挡期”，由原来的高速增长调整为中高速增长；“经济结构调整阵痛期”，经济发展方式发生

① 王维国，王际皓，“货币、银行与资产市场风险状况的识别——基于金融压力指数与 MSIH-VAR 模型的实证研究”，《国际金融研究》，2016 年第 2 期，第 71-81 页。

转变；“前期刺激政策消化期”，化解多年来积累的深层次矛盾。全球化背景下，世界经济的不稳定性、不确定性增强，同时叠加中美贸易摩擦、新冠疫情全球暴发等不利因素，使得包括中国在内的全球经济形势更加不明朗。

金融机构的资产质量呈现较强的宏观经济周期性特征，在经济上行阶段资产规模通常会出现顺周期扩张，当经济不确定性增强时，金融机构会变得更加保守，呈现收缩状态，相关的资产价格会出现高位回落，资产质量下降，商业银行的不良贷款承压，信用风险可能在银行体系与非银行体系间交叉传染，导致违约率上升，当违约超过商业银行等机构可以承受的范围时，会出现流动性危机，产生多米诺骨牌效应，可能引发中国的系统性金融风险。

5.2.2 金融开放因素

中国一直在稳步推进金融开放，金融开放的步伐在全球贸易保护主义抬头的背景下也没有放慢，密集实施金融开放举措。2018 年 4 月，银保监会发布实施 15 条金融对外开放措施；2019 年 5 月，银保监会又推出 12 条对外开放新措施，在经营范围上取消了外资银行开办人民币业务审批，允许外资银行开业时即可经营人民币业务，放宽或取消了外资银行、保险、证券等金融机构持股比例上限；2019 年 11 月，国务院印发的《进一步做好利用外资工作的意见》要求，全面取消在华外资银行、证券公司、基金管理公司等金融机构业务范围限制，扩大投资入股外资银行和外资保险机构的股东范围等。沪港通、深港通、沪伦通相继开通启动，国内资本市场与国际市场联系也大大增强。同时，资本项目开放作为金融开放的最重要标志，是我国金融改革与发展的重要内容之一，也在稳妥推进中。

然而，金融开放更加考验中国金融体系的健康与金融监管的健全程度。尤其是资本账户的开放，通过宏观经济、金融机构、金融市场等多渠道影响，使得资本流动性增强，汇率波动更加剧烈，引发系统性金融风险的可能性增强。20 世纪 90 年代以索罗斯为代表的投机资金持续对泰国等国家货币进行做空，资金跨境大规模进出引发市场利率及汇率大幅波动，泰国政府由于缺乏外汇储备等干预手段而出现了货币危机就是一个例证。2015 年 8 月 11 日“汇改”以来的事实表明，中国跨境资本流动超越了基本面，对汇率价格及其走势的影响也越来越大，对包括跨境资本流动在内的宏观审慎监管提出了更高的要求。

5.2.3 房地产泡沫因素

一旦房地产价值持续偏离正常水平，出现房地产泡沫，将会成为诱发中国银行业系统性风险的重要隐患，也是中央坚持“房住不炒”定位，促进房地产市场健康发展的初衷。房地产市场价格过快上涨引发的泡沫，会刺激金融机构增加房地产行业相关的贷款，且会互相加强反复上涨。原因是当楼市上涨的时候，银行会希望更多地从楼市获利，从而加大对房地产行业贷款的投入，导致房价继续上行，而当房地产市场出现较大波动时，则会导致银行贷款大量违约形成不良贷款，进而引发银行的危机。房地产市场对银行业系统产生影响的渠道主要有以下两个。

（1）资产负债表。银行针对房地产行业所发放的贷款、针对房地产行业的投资、自身持有的房地产，如银行办公和经营场所的房屋等，是银行资产负债表体系内与房地产有关的项目。当房地产市场较为繁荣，房价快速上升时，银行的资产负债表得到改善，会趋向于增加资金投入量，扩大贷款规模，用承担更高风险的方式换取更高收益。而当房地产市场萧条时，房价快速下跌，银行的资产负债表很快恶化，银行为了保证自身流动性和资产负债表的健康，会选择抛售部分资产并缩紧贷款规模，从而使自身的风险降低，但这也会使银行承受一定程度的损失，同时由于银行间的关联性，风险在银行业体系中迅速传播。

（2）抵押品。抵押贷款是银行常用的贷款发放方式，抵押品的存在可以有效地降低银行面临的信用风险，由于房地产的价值较高且具有固定性，易于回收，因而房地产是抵押贷款中最常见的抵押品之一。当房地产市场繁荣甚至出现泡沫时，房地产具有很高的流动性和升值潜力，所以银行业中存在大量的房地产抵押品。这些抵押品的价值也快速上升，借款人可以通过这些抵押品获取更大规模的贷款，银行也倾向于向以房地产作为抵押品的借款人发放贷款，因为即使发生违约行为，升值中的抵押品也可以保证银行的利益受损较小。当泡沫破灭导致房地产市场萧条时，抵押品的价格也会跟随着快速下降，带来大量因抵押品价值下跌而无法得到弥补的不良贷款，银行因此就会蒙受巨大损失，甚至可能破产，进而在银行业体系中产生较大的系统性风险。

2007—2008 年肇始于美国的全球金融危机就是由房地产市场泡沫引发的系统性风险的典型。危机发生前，在美联储的低利率政策下，作为抵押品的住宅价格一直在上涨。即便出现违约现象，银行可以拍卖抵押品（住宅）。由于房价一直在上涨，银行并不担心因借款人违约而遭受损失，因此对借款人的门槛要求越来越低，疯狂扩大贷款规模。因此，金融机构基于房价持续上涨不断扩大贷款规模，流动性过剩和低利率又刺激了房价一路攀升。此外，金融机构为了获取更大利润，盲目发展客户市场，忽视甚至有意隐瞒客户的借款风险，向低收入群体发放贷款，许多次级贷款公司推出了“零首付”“零文件”的贷款方式，贷款人可以在没有资金的情况下购房，宽松的贷款条件进一步刺激了购房需求。出于对通货膨胀的担忧，美联储从 2004 年 6 月起的两年内连续 17 次调高联邦基金利率，将其从 1% 上调至 2006 年的 5.25%。由于次级贷款大多为浮动利率贷款，重新设定的贷款利率随基准利率上升而上升，大多数次贷借款人的还款压力大幅增加。基准利率的上升逐渐刺破了美国房地产市场泡沫，对于抵押贷款供应商来说，房价下跌降低了抵押品价值，导致其无法通过出售抵押品回收贷款本息。对于次贷借款人来说，房价下跌使其不能再通过房屋净值贷款获得新的抵押贷款，而即便出售房产也偿还不了本息，所以只得违约，美国的次贷危机全面爆发并迅速蔓延成为国际金融危机。

美国由于房产地泡沫引发的系统性风险给我国提供了很多经验借鉴，当前我国房地产领域也存在房价下行带来的各类风险，因此必须强化对房地产领域风险的重视。然而，我国的房地产调控还有自身的特征和政策优势，引发系统性风险的概率不大，这一点从恒大地产的案例中可以看出。具体案例分析介绍参见附录二案例。

5.2.4 地方性政府债务因素

地方性政府债务主要包括地方性投融资平台公司、经费补助事业单位、公用事业单位和其他举借用于续建以前开工项目所负有偿还责任的债务。在中央与地方分权的制度安排下，目前中国地方性政府债务成为地方政府补充财政收入、实现财政收支平稳的一种重要形式，其中以城投债为主。截至 2021 年末，地方政府债务余额为 30.47 万亿元，其中以债券形式存在的有 30.31 万亿元。其中，地方政府投融资平台（城投债）数量达到 3097 家，城投债券余额达到 12.81 万亿元，其中地方城投等类别的国有平台性公司是举债主体[①]。中国地方政府债务总量巨大，对土地出让金收入和房地产税收依赖程度较大，且在 2017 年中央出台系列治理地方政府债务的措施以后，地方政府隐性债务表现形式更为隐蔽，但中央对于防范化解隐性债务风险的决心非常大。例如，财政部于 2022 年 5 月通报八个地方政府隐性债务问责典型案例，并表示将严格落实政府举债终身问责制和债务问题倒查机制，对新增隐性债务和化债不实等违法违规行为，做到"发现一起，查处一起，问责一起"，持续强化监督，以有效防范化解隐性债务风险。2023 年 1 月 9 日，财政部部长刘昆也明确表示，对于城投债坚持中央不救助原则，"谁家的孩子谁抱走"。并表示，要打破政府兜底预期，分类推进融资平台公司市场化转型，推动形成政府和企业界限清晰。

由于商业银行是地方政府性债务的主要融资来源，地方政府性债务的违约风险将会传递并集中到商业银行，致使商业银行不良贷款上升、资产质量下降。当超过了其所能承受的程度时，将极有可能诱发中国银行体系或金融体系的系统性金融风险。其影响路径如图 5-1 所示。

① 数据来自 Wind 数据库。

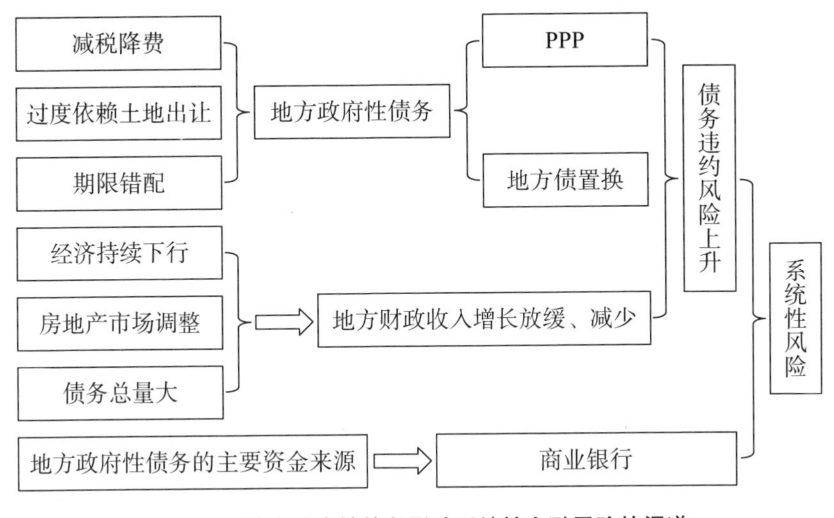

图 5–1　地方政府性债务影响系统性金融风险的渠道

5.2.5　游离在传统监管外的其他因素

影子银行是不受传统银行监管体系监管的金融实体。中国的影子银行主要分为两类：一类是指由商业银行以外的融资机构开展的信用中介活动；另一类是传统商业银行体系下的“类贷款”业务，以商业银行为依托，非银行机构为其提供信用中介通道。其中，后者是近年来我国影子银行发展的新形式，例如表外理财、资产管理等业务，承诺“刚兑”的产品等，借助与贷款相类似的货币增加了金融市场的总量，可能会扰乱正常的金融市场定价和市场稳定，引发系统性风险。其产生的根本原因在于规避了监管或传统监管，存在一定的空白或者漏洞。

互联网金融作为游离于传统监管体系外的一种业态，可能也会引发系统性金融风险。互联网金融在提高资金效率的同时，借款方违约、P2P 违约的事件也大量出现，支付领域存在个人隐私泄露、交易欺诈等风险，同时网络平台本身也存在监管套利的可能。相比于传统金融消费者，互联网覆盖面更广，涉及的互联网金融消费者的组成结构更复杂、数量更庞大，一旦发生风险，对经济社会稳定的冲击力更强；另外，国外互联网金融或者其他金融风险的爆发，例如比特币暴跌，可能沿着互联网链条传到国内，引致国内同步爆发系统性金融风险。

5.3 系统性金融风险测度的指标构建

本书借鉴压力指数法的思想，设置指标体系来测度系统性金融风险。很多国家的金融发展经验表明，银行危机和基于货币快速扩张的信贷高涨之间存在密切联系，银行存款缩水、存贷款实际利率过高、银行经营成本过高，经常反映出银行业存在经营困局，该指数和银行业系统性风险程度之间存在正相关关系（陈守东等，2009）①，因此监测银行危机的指标能够较好地反映系统性风险，本书参考陈守东等（2009）方法，主要选取存贷比、货币供应量和实际利率这三项指标，通过构建银行危机指数（BRI）来反映系统性金融风险水平。

（1）存贷比（RLD）是银行贷款余额与存款余额的比率。从银行盈利的角度来讲，贷存比越高，说明银行业务开展越广泛、盈利能力越强。我国存贷比在近十一年间呈现出不断上升的趋势，由 2019 年一季度的 64% 增长至 2019 年四季度的 74.36%，达到 16.19% 的增速。但是从应对风险的角度来讲，存贷比例也不宜过高，银行需要应对广大客户日常现金支取和日常结算，维持正的现金流，这种需求在应对“挤兑”危机

① 陈守东，马辉，穆春舟，“金融风险预警 MS-VAR 模型与区制状态研究”，《吉林大学社会科学学报》，2009 年第 4 期，第 110–119 页。

时尤其明显。

（2）货币供应量（MS）用广义货币和国内生产总值的比值（M2/GDP）来表示，是一项衡量金融深化的指标。M2/GDP 比值指标起源于金融深化理论开拓性研究（Mckinnon，1973），该数值越高，说明整个市场中采用货币作为交易媒介的比重越大，货币化程度越高，因此这个指标可以反映金融深度，对于银行业来说，货币供应量可以反映金融中介化的程度，它和金融深化程度呈现正相关关系。我国用 M2/GDP 反映的货币供应量在近十一年上升，但需要注意的是，M2/GDP 畸高也可能是金融市场不发达、金融风险开始积聚的讯号，这种现象在发展中国家中表现尤其明显。而高度成熟的金融市场中，人们通常持有与经济水平相适应的货币量，这一比例反而较低。

（3）实际利率（RIR）指在物价不变且购买力不变时的利率，本书用一年期存款利率减去通货膨胀率计算得出实际利率。①定期存款利率：我国定期存款的一年期利率自 2009 年以来经历了 13 次调整，2009 年的一年期存款基准利率为 2.25%，该数值在 2011 年 7 月 7 日调整为 3.5%，达到数年内的峰值。最近一次利率调整发生在 2015 年 10 月 24 日，该数值调整为 1.5% 并持续至今。②通货膨胀率：我国通货膨胀率增长快、波动大，显著影响实际利率，2010 年和 2011 年是通货膨胀率非常高的年份，年实际利率在此影响下降为负值（2010 年实际利率为 –1.0%，2011 年实际利率为 –1.4%）。另一段物价上涨较快的时期是 2017 年至 2018 年，但此时通货膨胀率较低，实际利率相较于存款利率仅发生小幅度下降。

汇总以上经济指标在 2009 年至 2019 年的季度样本，如表 5–1 所示：

表 5-1　2009—2019 年我国存贷比、货币供应量、实际利率

时间	存贷比（%）	货币供应量 M2/GDP	实际利率（%）
2009 年第一季度	64.00	1.5131	2.2530
2009 年第二季度	64.00	1.6967	2.2520
2009 年第三季度	64.00	1.7901	2.2510
2009 年第四季度	64.00	1.7922	2.2430
2010 年第一季度	64.00	1.7952	2.2681
2010 年第二季度	64.00	1.7851	2.2549
2010 年第三季度	64.00	1.7693	2.5008
2010 年第四季度	64.50	1.7613	2.7551
2011 年第一季度	64.10	1.7668	3.2638
2011 年第二季度	64.00	1.7404	3.4980
2011 年第三季度	65.30	1.6781	3.3480
2011 年第四季度	64.90	1.8093	3.7000
2012 年第一季度	64.53	1.8082	3.4970
2012 年第二季度	64.33	1.8022	3.2527
2012 年第三季度	65.28	1.7983	3.0023
2012 年第四季度	65.31	1.8087	2.9933
2013 年第一季度	64.68	1.8611	3.0195
2013 年第二季度	65.17	1.8733	2.9944
2013 年第三季度	65.63	1.8872	2.9965
2013 年第四季度	66.08	1.8661	2.9966
2014 年第一季度	65.89	1.9208	3.0101
2014 年第二季度	65.40	1.9597	3.0023
2014 年第三季度	64.17	1.9065	2.9973
2014 年第四季度	65.09	1.9087	2.7443
2015 年第一季度	65.67	1.9502	2.5172
2015 年第二季度	65.80	2.0021	1.9980

续表

时间	存贷比（%）	货币供应量 M2/GDP	实际利率（%）
2015 年第三季度	66.39	2.0083	1.7538
2015 年第四季度	67.24	2.0211	1.4949
2016 年第一季度	67.01	2.0656	1.5196
2016 年第二季度	67.22	2.0905	1.4967
2016 年第三季度	67.27	2.0846	1.4939
2016 年第四季度	67.61	2.0767	1.4992
2017 年第一季度	67.74	2.0995	1.5015
2017 年第二季度	69.12	2.0848	1.5004
2017 年第三季度	70.01	2.0486	1.4988
2017 年第四季度	70.55	2.0153	1.4967
2018 年第一季度	71.18	2.0416	1.5235
2018 年第二季度	72.30	2.0249	1.4989
2018 年第三季度	73.55	2.0110	1.4995
2018 年第四季度	74.34	1.9871	1.4962
2019 年第一季度	74.34	1.9871	1.5138
2019 年第二季度	72.85	2.0142	1.5015
2019 年第三季度	74.36	2.0092	1.4984
2019 年第四季度	74.36	2.0048	1.5036

数据来源：中经网统计数据库、Wind 数据库

银行业危机指数（BRI）计算公式为：

$$BRI_t=w_{RLD}\left(\frac{RLD_t-RLD_{t-1}}{RLD_{t-1}}\right)+w_{MS}\left(\frac{MS_t-MS_{t-1}}{MS_{t-1}}\right)+w_{RIR}\,(RIR_t-RIR_{t-1}) \tag{5-1}$$

式（5-1）对每个变量赋予权重 w 以反映相对精度，w 取值为各个变量标准差的倒数。权重 w 的确定方法是使公式中存贷比、货币供应量、银行实际利率三部分具有相等的条件方差：

$$W_i = \left(\frac{1}{stDevi}\right) / \left(\frac{1}{stDevRLD} + \frac{1}{stDevMS} + \frac{1}{stDevRIR}\right) \quad (5\text{–}2)$$

根据 2009—2019 年我国存贷比、货币供应量、实际利率的数据，得出三项指标的标准差与权重如下：

表 5–2　BRI 指标及其权重

	存贷比	货币供应量	实际利率
标准差	3.44	0.14	0.75
权重	0.03	0.82	0.15

代入式（5–1），银行业危机指数（BRI）计算结果如表 5–3 所示：

表 5–3　2009—2019 年我国银行业危机指数（BRI）

时间	BRI	时间	BRI	时间	BRI
2009 年第一季度	0.28362	2012 年第四季度	0.00816	2016 年第三季度	–0.00506
2009 年第二季度	0.15049	2013 年第一季度	0.04395	2016 年第四季度	–0.00578
2009 年第三季度	0.07652	2013 年第二季度	0.00897	2017 年第一季度	0.01899
2009 年第四季度	0.00119	2013 年第三季度	0.01175	2017 年第二季度	–0.01156
2010 年第一季度	0.00417	2013 年第四季度	–0.01710	2017 年第三季度	–0.02944
2010 年第二季度	–0.00917	2014 年第一季度	0.04545	2017 年第四季度	–0.02736
2010 年第三季度	0.00340	2014 年第二季度	0.03125	2018 年第一季度	0.02455
2010 年第四季度	0.00889	2014 年第三季度	–0.04441	2018 年第二季度	–0.01566
2011 年第一季度	0.03208	2014 年第四季度	–0.01041	2018 年第三季度	–0.01079
2011 年第二季度	–0.01094	2015 年第一季度	0.02190	2018 年第四季度	–0.01958
2011 年第三季度	–0.05696	2015 年第二季度	0.01163	2019 年第一季度	0.00176
2011 年第四季度	0.12318	2015 年第三季度	–0.01298	2019 年第二季度	0.02035
2012 年第一季度	–0.00931	2015 年第四季度	–0.01120	2019 年第三季度	–0.00376
2012 年第二季度	–0.01546	2016 年第一季度	0.03884	2019 年第四季度	–0.00309
2012 年第三季度	–0.01435	2016 年第二季度	0.01823		

根据各期银行业危机指数绘制出的风险走势图如图 5-2 所示。

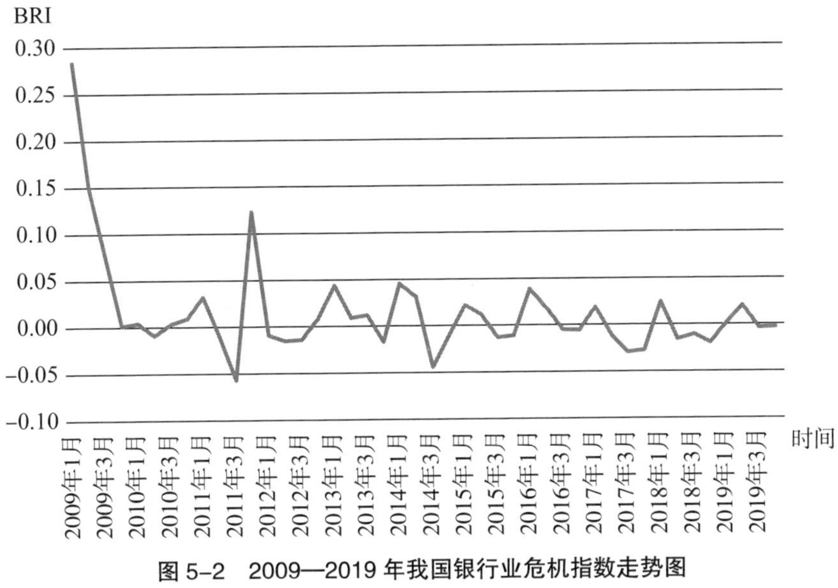

图 5-2　2009—2019 年我国银行业危机指数走势图

从图 5-2 中可以看出，10 余年间，我国银行业风险波动性较大，尤其是 2009 年前 3 个季度和 2011 年第 4 季度的危机指数处于高位，刚好处于我国银行业危险聚集的时期。理由如下：

（1）第一个风险高峰在 2009 年前 3 个季度。此时，美国金融危机的影响仍在持续波及我国商业银行体系，因此银行业内整体风险水平高。2009 年二季度的 BRI 为 0.15049，虽然数值仍然较高，但结合之后几期的数值可以发现 BRI 呈现明显的下降趋势，在 2009 年三季度降至 0.07652。之所以发生这样的变化，是因为我国出台了“四万亿投资政策”，对我国银行业风险起到了缓释效果。

（2）第二个风险高峰在 2011 年第 4 季度。此时，欧洲债务危机、国内房地产市场高债务风险、通货膨胀严重等多种因素引发的银行业高风险情况。

结果也表明，BRI 指数能够较客观地反映出我国银行整体风险变动情况，符合金融宏观形势，对我国银行业系统性风险能够较为精准地描述和刻画。

5.4　在险价值和条件风险价值法

对于商业银行系统性风险的测度，目前比较常用的方法是在险价值（VaR）和条件风险价值（CoVaR）方法。VaR（value at risk）是指在特定的置信度水平下，单个商业银行可能遭受的最大损失。该方法有一定不足，VaR 只能衡量单个金融机构的风险水平，而没有充分考虑机构个体与金融体系之间的风险溢出效应，无法准确测度系统性风险。因此，在 VaR 的基础上，Adrian 和 Brunnermeier（2008）首次提出了条件风险价值（CoVaR）的概念。该方法衡量的是，在单一金融机构的损失为 VaR 的情况下，受其影响，金融体系或者其他机构的最大损失，也可以解释为金融体系在金融机构陷入困境时的风险价值。该方法还可以通过计算该机构发生损失时的条件风险价值与没有发生损失时的在险价值之差，即Δ CoVaR，来衡量该单一金融机构对系统性风险的贡献度。

目前，CoVaR 方法得到了学界的普遍认可。大多数学者运用该方法来衡量系统性风险。熊勇强（2016）采用 CoVaR 方法对我国商业银行的系统性风险进行了测度，结果发现，股份制商业银行和城市商业银行比国有商业银行更容易感染系统性风险，而在银行系统性风险的传染方面，国有商业银行的贡献度最大，并且各银行的贡献度与其资产规模、不良贷款率、净资产收益率等存在明显相关性。宋美喆、胡丕吉（2016）运用 CoVaR 和分位数回归方法，度量了我国城商行系统性风险的外溢效应，结果表明，系统性风险的溢出效应会受到机构间依赖度、市场关联度、业务复杂度等因素的影响。何卓静、周利国和闫丽新（2018）以我国上市商业银行为研究对象，采用 Copula–CoVaR 方法对金融体系系统性风险的溢出效应进行了动态度量，研究发现，与小型商业银行相比，大型商业银行的系统性风险溢出效应更加明显；并且在股市异常波动时期，国有控股商业银行的系统性风险存在显著的短期溢出效应。基于已有研究，本书应用 CoVaR 方法对我国上市商业银行的系统性风险进行度量。

条件价值法（*CoVaR*）是在 *VAR* 的基础上发展的。*VAR* 是无条件的风险价值，*CoVaR* 方法则比较充分地考虑了不同机构之间的相互影响，可以衡量在一家金融机构处于危机的条件下，其他机构的条件风险价值。如公式（5–3）所示，表示在一定概率水平 p 下，在某金融机构或市场 j 发生极端情况、收益率为 *VAR* 时，金融机构 i 受其影响的风险价值，也是 i 关于 j 的条件风险价值。*COVAR* 方法可以进一步衡量单一机构对系统性风险的贡献度：按照公式（5–4），通过计算该机构发生损失时的条件风险价值与没有发生损失时的在险价值 *VAR* 之差，可以得到机构 i 的溢出风险价值，即Δ *CoVaR*；按照公式（5–5），计算 *COVAR* 相对于 *VAR* 的变化率，可以得到机构 i 的风险溢出率，即Δ *CoVaR*%。

$$P\left(X_i \geqslant CoVaR_p^{i|j} | X_j \geqslant VAR_p^j\right)=P \tag{5–3}$$

$$\Delta CoVaR_p^{i|j}=\left(CoVaR_p^{i|j}-VAR_p^i\right) \tag{5–4}$$

$$\Delta CoVaR_p^{i|j}\%=\left(CoVaR_p^{i|j}-VAR_p^i\right)/VAR_p^i \tag{5–5}$$

5.5 商业银行系统性风险度量

5.5.1 系统性风险双向溢出效应模型的构建

本书对商业银行系统性风险的度量采用的是基于分位数回归的

CoVaR 的方法，该方法较充分地考虑了系统性风险的双向溢出性质，考虑了商业银行与银行体系之间的相互影响。本书构建的度量模型包括以下几步：首先，将各商业银行的收益率序列分别与银行系统的收益率构建分位数回归模型，分位数 p 取值为 0.05，从而得到不同银行 i 的系数的估计值，包括 $a_{i|bank}$、$\beta_{i|bank}$、$a_{bank|i}$ 和 $\beta_{bank|i}$，相关模型如式（5–6）式（5–7）所示。其中，R^i 为商业银行 i 的收益率，R^{bank} 为银行体系的收益率。$\beta_{i|bank}$ 为商业银行 i 收益率的 p 分位数对银行体系收益率的敏感系数，$\beta_{bank|i}$ 为银行体系收益率的 p 分位数对 R^i 的敏感系数，α 为常数项，ε 为残差项。

$$R_p^i=a_{i|bank}+\beta_{i|bank}R^{bank}+\varepsilon \tag{5–6}$$

$$R_p^{bank}=a_{bank|i}+\beta_{bank|i}R^i+\varepsilon \tag{5–7}$$

其次，取 p 值为 0.05，以商业银行 i 在 p 分位数下的收益率序列作为 R^i 带入到式（5–8）中求得 R_p^{bank}，该值即为 $VAR_{0.05}^{bank}$；之后，再令 R^{bank} 等于 $VAR_{0.05}^{bank}$，带入公（5–9）中，从而求得 R_p^i，该值即为 $CoVaR_{0.05}^{i|bank}$。

$$VAR_{0.05}^{bank}=a_{bank|i}+\beta_{bank|i}R_{0.05}^i \tag{5–8}$$

$$CoVaR_{0.05}^{i|bank}=a_{i|bank}+\beta_{i|bank}VAR_{0.05}^{bank} \tag{5–9}$$

同理，将银行体系在 0.05 分位数水平下的收益率序列作为 R^{bank}，带入式（5–10）和式（5–11）中，也可以得到 $VAR_{0.05}^i$ 和 $CoVaR_{0.05}^{bank|i}$ 的对应数据。

$$VAR_{0.05}^i=a_{i|bank}+\beta_{i|bank}R_{0.05}^{bank} \tag{5–10}$$

$$CoVaR_{0.05}^{bank|i}=a_{bank|i}+\beta_{bank|i}VAR_{0.05}^i \tag{5–11}$$

最后，将上述计算的 $VAR_{0.05}^{bank}$ 和 $CoVaR_{0.05}^{bank|i}$ 代入式（5–12）和式（5–13）中，可以计算出商业银行 i 对银行体系的溢出风险 $\Delta CoVaR_{0.05}^{bank|i}$ 和风险贡献率 $\Delta CoVaR_{0.05}^{bank|i}\%$；同理，将 $VAR_{0.05}^i$ 和 $CoVaR_{0.05}^{i|bank}$ 与公式（5–14）和公

式（5–15）相结合，也能够得出银行体系对单一商业银行 i 的溢出风险 $\Delta CoVaR_{0.05}^{i|bank}$ 和 $\Delta CoVaR_{0.05}^{i|bank}\%$ 贡献率。

$$\Delta CoVaR_{0.05}^{bank|i}=(CoVaR_{0.05}^{bank|i}-VAR_{0.05}^{bank}) \tag{5–12}$$

$$\Delta CoVaR_{0.05}^{bank|i}\%=(CoVaR_{0.05}^{bank|i}-VAR_{0.05}^{bank})/VAR_{0.05}^{bank} \tag{5–13}$$

$$\Delta CoVaR_{0.05}^{i|bank}=(CoVaR_{0.05}^{i|bank}-VAR_{0.05}^{i}) \tag{5–14}$$

$$\Delta CoVaR_{0.05}^{i|bank}\%=(CoVaR_{0.05}^{i|bank}-VAR_{0.05}^{i})/VAR_{0.05}^{i} \tag{5–15}$$

5.5.2　上市商业银行的研究样本选取

本书针对我国上市商业银行展开系统性风险测度。目前我国境内上市的银行共有 36 家，但其中，从上市时间看，邮储银行、浙商银行等 8 家银行在 2019 年上市，郑州银行等 3 家银行在 2018 年上市，张家港农商行在 2017 年上市，上海银行、江苏银行等 8 家银行在 2016 年上市，这 20 家银行的上市时间较短，数据的可研究性较弱，因此不纳入本书的研究范围。所以，本书选择的研究样本为 2007 年及之前在我国境内上市的 14 家商业银行，这类银行的交易数据充足，分别为招商银行、平安银行、兴业银行、工商银行、建设银行、宁波银行、浦发银行、交通银行、民生银行、南京银行、中国银行、北京银行、华夏银行、中信银行，包括了国有控股商业银行、股份制商业银行、城市商业银行三种性质的商业银行。对于银行股行业指标的选择，本书选取了银行指数（代码 881155），该指数可以基本表示所选的 14 家上市银行的整体水平。本书研究的 14 家上市银行和银行指数的相关信息见表 5–4。

表 5-4　变量和银行相关信息

银行	变量	股票代码	银行性质
招商银行	ZS	600036	股份制商业银行
平安银行	PA	000001	股份制商业银行
兴业银行	XY	601166	股份制商业银行
工商银行	GS	601398	国有控股商业银行
建设银行	JS	601939	国有控股商业银行
宁波银行	NB	002142	城市商业银行
交通银行	JT	601328	国有控股商业银行
浦发银行	PF	600000	股份制商业银行
南京银行	NJ	601009	城市商业银行
民生银行	MS	600016	股份制商业银行
北京银行	BJ	601169	城市商业银行
中国银行	ZG	601988	国有控股商业银行
中信银行	ZX	601998	股份制商业银行
华夏银行	HX	600015	股份制商业银行
银行板块	BANK	881155	

资料来源：同花顺数据库

在研究时间区间的选择方面，为了更全面地反映商业银行在不同情况下的系统性风险水平，本书选取了 2007 年 10 月到 2019 年 12 月作为研究区间，共 49 个季度，另外，股票和指数的收盘价以周为时间单位。主要是基于以下考虑：该时段包括了美国次贷危机、欧洲债务危机，同时也包括了我国的利率市场化改革和经济转型升级等阶段，因此，该时段排除了特殊事项产生的短期影响，更能反映我国商业银行的长期情况。

5.5.3　数据的处理和描述性统计

对于选择的 14 家上市银行和银行板块指数，本书以 2007 年 9 月 28 日为起始日，以 2019 年 12 月 31 日为结束日，选取每周的收盘价作为原始数据。股票价格采用前复权方式进行处理；同时，若某银行在周五无收盘价，则采用其上一交易日的收盘价作为周数据。相关股票和银行指数的收盘价数据来源于同花顺，最终共获得 628 组周数据。

（1）价格指数

为了更直观地比较不同银行之间股价的变化，本书将各银行和银行指数在起始日的收盘价统一设为 1，并以此为基准，按照式（5–16）对所有周数据进行归一处理，计算各股的价格指数。计算公式为：

$$Index_t^i = \frac{P_t^i}{P_1^i} \qquad (5\text{–}16)$$

其中，$Index_t^i$ 为 i 银行（或银行指数）在第 t 周的价格指数，P_t^i 为 i 银行（或银行指数）在第 t 周的收盘价，P_1^i 为第一周的收盘价，也是计算价格指数的基准。处理后的单个银行和银行系统的价格指数走势如图 5–3 所示。

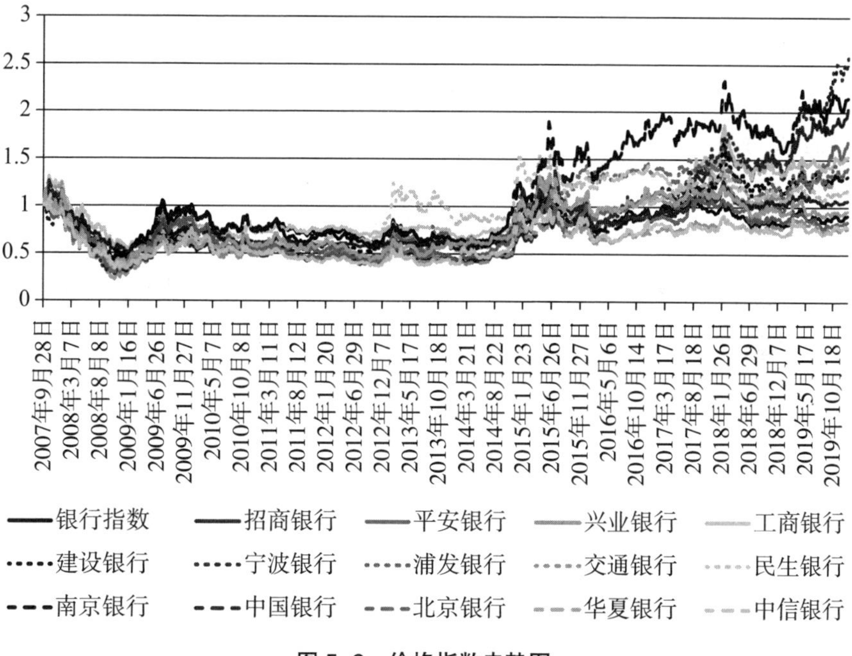

图 5–3　价格指数走势图

数据来源：银行价格指数由收盘价经归一处理得到，银行收盘价数据来源于同花顺数据库。

可以看出，在长期，对于不同银行和银行股整体，其价格指数上升和下降的变动方向大致相同，但不同银行的股价波动幅度仍然有较大差距，并且股票指数最大值、最小值及发生时间存在差异。从图 5-3 可以看出，在 2007 年第四季度和 2008 年，美国次贷危机的负面影响波及全球各国，引发国际金融风暴，受此冲击，我国经济增速不断下滑，所有银行的价格指数整体均呈现下跌走势，各银行价格指数最低值的发生时间也均处于 2008 年 10 月到 12 月期间；为扩大内需，提振信心，我国于 2009 年推出了“4 万亿”经济刺激计划，并实施积极财政政策，经济的复苏带动银行价格指数不断上升；自 2009 年后期，受欧债危机负面影响，指数呈现缓慢且小幅度的下降；2014 年后，随着我国经济的恢复，银行价格指数呈现较稳定的上升，除交通银行外，其他银行指数的最大值均出现在 2015 年之后，同时，银行价格指数波动幅度变大，且不同银行的差距逐渐增大。

表 5-4　各银行价格指数的描述性统计

银行	最大值	价格最高时间	最小值	价格最低时间	标准差
银行 881155	1.170485	2015-06-12	0.412292	2008-10-10	0.143038
招商银行	2.031242	2020-01-03	0.308656	2008-11-28	0.437859
平安银行	1.68696	2020-01-03	0.273174	2008-10-31	0.28622
兴业银行	1.416213	2019-04-19	0.221362	2008-10-31	0.298744
工商银行	1.866632	2018-02-02	0.549372	2008-12-31	0.290212
建设银行	1.67029	2018-01-26	0.413768	2008-10-31	0.28391
宁波银行	2.577456	2020-01-03	0.271339	2008-10-31	0.510633
浦发银行	1.507397	2017-07-14	0.292087	2008-10-31	0.349606
交通银行	1.240168	2008-01-11	0.34703	2008-10-31	0.178416
民生银行	1.543091	2015-06-12	0.331166	2008-11-28	0.319953

续表

银行	最大值	价格最高时间	最小值	价格最低时间	标准差
南京银行	2.330977	2018-02-02	0.423349	2008-10-31	0.539466
中国银行	1.37763	2015-07-10	0.512828	2008-12-31	0.209087
北京银行	1.18618	2016-12-02	0.349033	2008-10-10	0.223995
华夏银行	1.346466	2015-06-12	0.364044	2008-10-10	0.246448
中信银行	1.125128	2015-07-17	0.35261	2008-12-31	0.170641

数据来源：银行价格指数

（2）股票收益率

在原始数据的基础上，本书对所有周数据取对数，并通过计算一阶差分得到单个银行股和银行指数的周收益率。其中，银行股整体收益率由银行指数计算得到，银行个股收益率由对应银行的收盘价计算得到。为了减少误差、方便计算，本书将所有收益率乘以100。计算公式为（5–17）：

$$R_t^i=100\times\ln\left(\frac{P_t^i}{P_{t-1}^i}\right) \tag{5–17}$$

其中，R_t^i为i银行第t期的股票收益率，P_t^i为第t期收盘价，P_{t-1}^i为第t–1期的收盘价。

表5–6为各银行及银行指数的收益率的描述性统计。从中可以看出：第一，大部分银行的收益率位于0附近，且标准差较大，说明银行收益率的波动幅度较大。第二，观察标准差可发现，在所有研究银行中，中国银行（3.42）、工商银行（3.49）、建设银行（3.83）三家银行的标准差均小于4，处于最低的层次，交通银行的标准差（4.33）也较低，这一定程度上说明国有商业银行对风险的控制能力较强，收益率的波动幅度较小；而平安银行（5.43）、兴业银行（5.16）、浦发银行（4.99）收益率的波动幅度较其他银行偏大，风险较大。第三，对于某变量来说，如果其时间序列的偏度约为0、峰度为3，则其服从正态分布。但经过统计，

在所有样本银行中，4 家上市银行的周收益率序列的偏度小于 0，呈现左偏分布；9 家上市银行以及银行指数的收益率偏度大于 0，呈右偏分布；并且全部银行和银行指数的收益率的峰度均明显大于 3，因此，本书所研究银行的收益率不满足正态分布，而是呈现“尖峰肥尾”的分布特征，存在尾部风险。同时，对所有收益率序列进行 Jarque–Bera 正态分布检验，所得到的 J–B 值均较大，p 值为零，均在 1% 的显著性水平上拒绝了各银行和银行指数收益率服从正态分布的假设，也说明了各商业银行及银行指数的收益率序列不服从正态分布。

表 5–6　样本商业银行对数收益率的描述性统计

银行	变量	均值	标准差	偏度	峰度	J–B 值	P 值
银行体系	BANK	–0.0035	3.92148	0.071824	5.179707	124.2645	0.00
招商银行	ZS	0.0859	4.63464	–0.27454	5.279994	142.7673	0.00
平安银行	PA	0.06662	5.43018	0.178515	5.281801	136.9082	0.00
兴业银行	XY	0.04920	5.16448	–0.14733	5.47679	161.4949	0.00
工商银行	GS	0.06848	3.49440	0.286438	6.503344	329.217	0.00
建设银行	JS	0.05961	3.83039	0.421065	5.989116	251.1457	0.00
宁波银行	NB	0.15034	4.84445	0.188308	5.297556	141.1615	0.00
浦发银行	PF	0.07455	4.99364	–0.14249	6.647203	344.6202	0.00
交通银行	JT	–0.0463	4.32949	0.254817	6.995598	422.5138	0.00
民生银行	MS	0.02606	4.38208	0.080651	7.527652	536.2327	0.00
南京银行	NJ	0.13054	4.44220	0.107075	5.129068	119.2393	0.00
中国银行	ZG	0.01071	3.42003	0.366289	7.957085	655.982	0.00
北京银行	BJ	–0.0442	4.13342	0.11326	4.99756	103.9017	0.00
华夏银行	HX	0.02230	4.80963	–0.0006	5.5736	172.2089	0.00
中信银行	ZX	–0.0372	4.72175	0.550929	7.80282	632.3222	0.00

数据来源：计算得到

（3）银行收益率的季度分位数

对宏观经济波动影响的研究以季度为时间单位，因此现将所有收益率序列按照季度进行划分，共 49 个季度，包括 2007 年第四季度到 2019 年第四季度，并分别计算各银行收益率在每个季度的 0.05 分位数。数据处理通过 python 进行。对比不同银行的数据发现，在大多数时期，四家国有银行的分位数会高于股份制银行和城商行，这说明国有银行在极端情况下可能发生的损失一般较小，风险较低。

5.5.4 测度结果及分析

（1）银行收益率序列的平稳性检验

为了避免伪回归，需要验证所有银行的周收益率序列的平稳性，包括银行体系和 14 家银行。平稳性检验采用 ADF 单位根检验法，检验类型（C,T,K）中,C 代表截距项,T 代表趋势项,K 代表滞后阶数。表 5–7 的检验结果表明，所有变量的 ADF 值均小于 1% 临界值，并且 P 值均为 0，因此都在 1% 的显著性水平下均通过显著性检验，是平稳序列。

表 5–7 各银行收益率序列的 ADF 检验结果

银行	ADF 检验值	检验类型	1% 临界值	P 值	平稳性
银行体系	–26.88601	（C,T,0）	–3.44062	0.0000	平稳
招商银行	–27.66785	（C,T,0）	–3.44067	0.0000	平稳
平安银行	–27.01332	（C,T,0）	–3.44079	0.0000	平稳
兴业银行	–26.51467	（C,T,0）	–3.44067	0.0000	平稳
工商银行	–28.38133	（C,T,0）	–3.44057	0.0000	平稳
建设银行	–26.77867	（C,T,0）	–3.44062	0.0000	平稳
宁波银行	–27.71000	（C,T,0）	–3.44062	0.0000	平稳

续表

银行	ADF 检验值	检验类型	1% 临界值	P 值	平稳性
浦发银行	−26.98541	（C,T,0）	−3.44079	0.0000	平稳
交通银行	−26.68022	（C,T,0）	−3.44062	0.0000	平稳
民生银行	−27.08822	（C,T,0）	−3.44057	0.0000	平稳
南京银行	−26.76728	（C,T,0）	−3.44062	0.0000	平稳
中国银行	−27.26206	（C,T,0）	−3.44057	0.0000	平稳
北京银行	−26.17673	（C,T,0）	−3.44079	0.0000	平稳
华夏银行	−28.02801	（C,T,0）	−3.44063	0.0000	平稳
中信银行	−25.76378	（C,T,0）	−3.44062	0.0000	平稳

（2）分位数回归模型的系数估计值

将 14 家商业银行的周收益率序列分别与银行体系收益率序列搭配，按照式（5–6）和式（5–7），运用 Eviews 构建 P=0.05 的分位数回归模型，从而得到各商业银行对应的系数。所有系数估计值汇总如表 5–8 所示。当显著性水平为 1% 时，所有系数对应的 t 值都明显大于临界值，即通过了 t 检验。

表 5–8　各银行分位数回归模型的系数估计值

银行	变量 i	$\alpha_{bank\|i}$	$\beta_{bank\|i}$	$\alpha_{i\|bank}$	$\beta_{i\|bank}$
招商银行	ZS	−3.3761	0.66898	−3.786878	0.991517
平安银行	PA	−3.337026	0.571095	−4.158827	1.226357
兴业银行	XY	−2.96944	0.644369	−3.806823	1.107051
工商银行	GS	−3.791087	0.825336	−3.008626	0.767517
建设银行	JS	−3.483697	0.811782	−3.218981	0.886222
宁波银行	NB	−3.161622	0.640214	−3.905377	1.016426
浦发银行	PF	−3.383815	0.623883	−3.892012	1.133942
交通银行	JT	−2.816771	0.70404	−3.061488	0.974993

续表

银行	变量 i	$\alpha_{bank\|i}$	$\beta_{bank\|i}$	$\alpha_{i\|bank}$	$\beta_{i\|bank}$
民生银行	MS	−3.49471	0.673654	−3.151013	0.953348
南京银行	NJ	−3.297199	0.73072	−3.426776	0.8518
中国银行	ZG	−3.540084	0.821085	−3.282163	0.810869
北京银行	BJ	−3.197179	0.897713	−3.376694	0.970625
华夏银行	HX	−2.972067	0.670413	−3.46292	1.161933
中信银行	ZX	−3.856398	0.628933	−3.949253	0.94777

对表 5-8 数据进行分析，首先，所有的系数 $\beta_{i|bank}$ 和 $\beta_{bank|i}$ 都为正值，说明单一银行收益率和银行体系收益率之间均为正向影响，这与实际情况相符。其次，在 14 家样本银行中，只有工商银行和中国银行的 $\beta_{i|bank}$ 小于 $\beta_{bank|i}$，这说明工商银行和中国银行对银行体系的影响幅度略大于其对银行体系收益率的敏感度；建设银行和北京银行的 $\beta_{i|bank}$ 大于 $\beta_{bank|i}$，但两个 β 系数的差距较小，说明其与银行体系相互的敏感程度大致相同；其余银行的 $\beta_{i|bank}$ 则较 $\beta_{bank|i}$ 明显偏大，表明此类银行对银行体系的波动更加敏感。

（3）商业银行的季度 *CoVaR*

基于上文处理数据得到的银行收益率的季度分位数和模型的参数估计值，按照式（5-10）到式（5-11），计算得到 14 家商业银行在各季度的 *CoVaR* 数据，包括 VaR^{bank}、$CoVaR^{i|bank}$、VaR^{i} 和 $CoVaR^{bank|i}$。各银行 $CoVaR^{i|bank}$ 的汇总数据，如表 5-9 所示。

表 5-9　14 家商业银行系统性风险的季度值（%）

季度	CoVaR zs/bank	CoVaR pa/bank	CoVaR xy/bank	CoVaR gs/bank	CoVaR js/bank	CoVaR nb/bank	CoVaR pf/bank
2007.4	−11.43	−13.94	−15.50	−8.68	−10.52	−11.07	−15.20

续表

季度	CoVaR zs/bank	CoVaR pa/bank	CoVaR xy/bank	CoVaR gs/bank	CoVaR js/bank	CoVaR nb/bank	CoVaR pf/bank
2008.1	−15.56	−17.89	−20.90	−12.54	−12.18	−14.03	−21.68
2008.2	−16.61	−20.98	−19.10	−12.67	−14.13	−17.44	−18.93
2008.3	−16.70	−16.23	−16.97	−12.09	−14.36	−16.28	−18.55
2008.4	−19.73	−19.79	−18.17	−11.00	−13.55	−12.79	−21.64
2009.1	−11.50	−8.60	−9.10	−8.07	−9.25	−11.32	−11.21
2009.2	−10.05	−11.16	−9.60	−7.09	−8.10	−9.42	−10.42
2009.3	−13.51	−16.57	−16.03	−9.51	−11.49	−12.13	−16.22
2009.4	−11.22	−12.68	−11.54	−8.63	−9.78	−11.42	−13.18
2010.1	−12.62	−13.05	−13.63	−8.64	−9.55	−11.66	−11.75
2010.2	−12.46	−15.27	−15.59	−9.08	−9.77	−15.87	−14.02
2010.3	−9.39	−10.59	−11.16	−8.31	−8.26	−11.27	−11.26
2010.4	−11.03	−12.65	−12.00	−10.73	−8.13	−10.97	−12.42
2011.1	−9.35	−11.43	−8.87	−7.27	−8.09	−10.79	−10.01
2011.2	−9.44	−11.71	−11.50	−8.08	−8.22	−10.44	−10.61
2011.3	−9.44	−11.71	−11.50	−8.08	−8.22	−10.44	−10.61
2011.4	−9.44	−10.86	−9.45	−7.11	−7.96	−9.75	−9.70
2012.1	−9.23	−10.46	−9.00	−6.73	−7.54	−9.34	−9.37
2012.2	−9.44	−11.80	−10.28	−7.30	−8.35	−10.51	−10.68
2012.3	−9.83	−12.66	−9.97	−8.15	−8.54	−11.29	−10.30
2012.4	−8.44	−10.80	−8.50	−7.19	−7.79	−9.70	−9.22
2013.1	−11.41	−15.66	−16.27	−8.43	−9.41	−12.64	−14.71
2013.2	−9.87	−15.03	−12.32	−7.35	−9.61	−11.19	−12.67
2013.3	−11.09	−13.79	−11.39	−7.09	−8.34	−10.44	−12.99
2013.4	−9.31	−12.07	−11.74	−7.93	−10.29	−8.71	−11.73
2014.1	−9.17	−11.26	−10.22	−7.91	−8.20	−9.17	−10.26
2014.2	−8.71	−10.91	−9.30	−6.90	−7.21	−8.26	−9.63
2014.3	−8.40	−9.99	−9.04	−7.01	−7.26	−8.66	−8.97

续表

季度	CoVaR zs/bank	CoVaR pa/bank	CoVaR xy/bank	CoVaR gs/bank	CoVaR js/bank	CoVaR nb/bank	CoVaR pf/bank
2014.4	−8.14	−9.92	−9.22	−9.05	−9.16	−9.62	−9.64
2015.1	−11.22	−12.20	−12.34	−10.45	−10.99	−10.25	−12.67
2015.2	−12.28	−14.18	−14.36	−10.35	−12.36	−13.91	−11.46
2015.3	−10.23	−14.18	−12.39	−11.30	−12.16	−15.11	−13.00
2015.4	−9.98	−11.59	−9.69	−7.11	−8.18	−11.79	−11.29
2016.1	−12.12	−13.03	−10.71	−8.51	−11.11	−12.46	−10.54
2016.2	−8.39	−9.80	−8.12	−6.33	−7.81	−8.96	−9.84
2016.3	−8.97	−9.90	−7.92	−7.02	−7.64	−10.46	−8.92
2016.4	−9.95	−10.30	−9.51	−7.17	−8.71	−10.85	−10.12
2017.1	−8.35	−9.06	−8.67	−6.52	−7.10	−8.21	−8.98
2017.2	−9.65	−10.40	−9.27	−7.49	−7.94	−10.70	−10.61
2017.3	−9.36	−12.52	−8.86	−8.34	−9.03	−9.37	−9.68
2017.4	−10.02	−12.93	−8.87	−8.31	−9.08	−10.05	−9.33
2018.1	−12.48	−15.66	−10.15	−11.02	−13.13	−9.97	−10.30
2018.2	−11.07	−12.39	−9.48	−9.27	−11.00	−11.04	−11.98
2018.3	−10.21	−11.57	−9.39	−7.68	−9.13	−10.49	−8.98
2018.4	−12.55	−13.27	−10.39	−8.90	−10.31	−10.57	−11.62
2019.1	−9.31	−10.28	−10.24	−8.09	−9.51	−7.86	−9.54
2019.2	−10.22	−13.49	−12.18	−8.42	−10.15	−10.59	−11.77
2019.3	−10.18	−10.66	−10.52	−7.71	−8.54	−9.70	−9.80
2019.4	−8.47	−10.48	−8.58	−6.79	−7.95	−9.53	−9.36

对每个季度的所有银行的 CoVaR 取平均值，该数值一定程度上可以代表所研究银行的系统性风险的平均水平。CoVaR 的数值均为负值，其绝对值越大，说明银行面临的系统性风险越高。CoVaR 均值的走势如图 5–4 所示，分析可知，对于所研究的 14 家商业银行，最高的系统性风险发生在 2007—2008 年的次贷危机时期，2009 年，我国采取了多项经济刺激政策，

并实施了 4 万亿投资计划，推动了我国宏观经济的复苏，银行系统性风险水平快速下降；2009 年末，欧债危机爆发，受此影响，银行风险再次升高，但上升幅度明显低于次贷危机时期。另一次系统性风险的显著增大发生在 2013 年到 2015 年，在该时期，银行体系出现不良贷款率较高、同业业务过多等问题；尤其在 2015 年，我国制造业企业大规模破产倒闭，这导致银行坏账率大幅提高，超过 7%，该现象进一步冲击经济，引发房地产泡沫破裂，我国经济增速放缓，因此我国银行的系统性风险在 2015 年四个季度持续变大。自 2016 年，我国开始大力推进去产能、去库存、去杠杆等五大任务，稳步实施结构性改革，宏观经济稳中向好的发展也一定程度上降低了银行的系统性风险。因此，样本商业银行的系统性风险的变动与我国宏观经济形势的变化基本吻合。

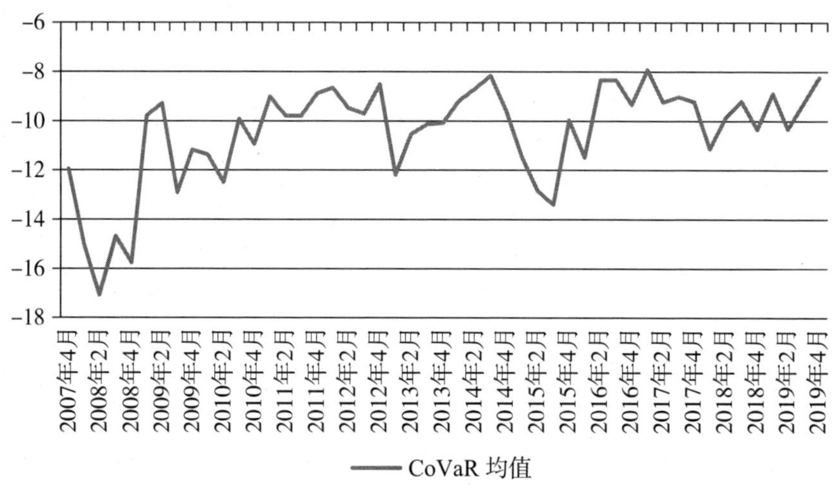

图 5-4　银行业系统性风险均值的走势

（4）系统性风险水平的溢出效应比较

进一步采用时变 Copula-CoVaR 模型不同类型的商业银行其具体的 *CoVaR*、Δ *CoVaR* 以及 %*CoVaR* 计算结果，如表 5-9 所示。

表 5-10　不同类型商业银行的模型结果比较

	大型商业银行			股份制银行			城商行		
	CoVaR	**Δ*CoVaR***	**%*CoVaR***	***CoVaR***	**Δ*CoVaR***	**%*CoVaR***	***CoVaR***	**Δ*CoVaR***	**%*CoVaR***
2011 年	2.82%	1.14%	40.37%	3.58%	2.02%	83.22%	3.99%	2.47%	112.76%
2012 年	2.59%	0.88%	31.82%	3.29%	1.74%	74.00%	3.58%	2.07%	97.11%
2013 年	3.11%	1.37%	43.52%	4.56%	2.96%	111.82%	4.57%	3.04%	125.84%
2014 年	2.75%	1.33%	53.10%	3.59%	2.19%	104.75%	3.60%	2.25%	118.21%
2015 年	5.70%	2.89%	60.05%	6.10%	3.35%	84.54%	6.38%	3.74%	98.20%
2016 年	2.76%	1.20%	45.02%	3.32%	1.70%	75.79%	3.58%	2.03%	95.92%
2017 年	1.60%	0.55%	37.74%	2.36%	1.33%	104.03%	2.50%	1.44%	120.34%
2018 年	3.07%	1.38%	54.23%	3.51%	1.87%	80.27%	3.62%	1.99%	90.00%
2019 年	2.65%	1.12%	43.25%	3.26%	1.76%	79.50%	3.61%	2.11%	102.17%

分类型看，商业银行风险溢出效应（%*CoVaR*）由小到大排序依次是国有大型商业银行、股份制银行、城商行，参见图 5-5。

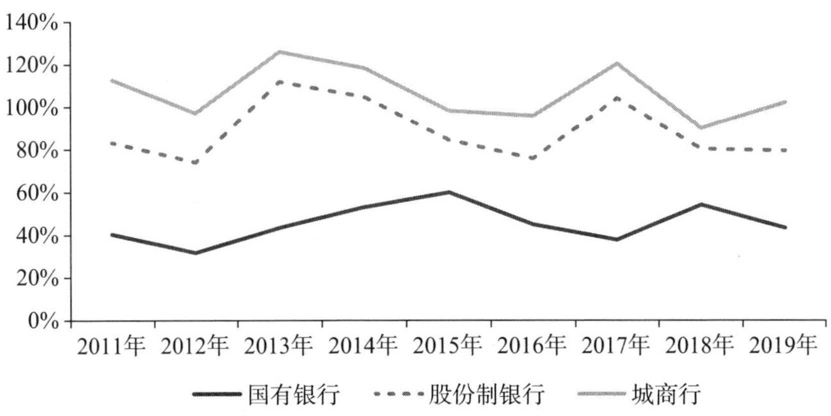

图 5-5　2011—2019 年三种类型商业银行的 %*CoVaR*

根据测算结果可知，国有银行的系统性风险贡献值最低，并且近年来具有下降的趋势。虽然国有大型商业银行资产规模占比较高，但一方面得益于其不断完善风控体系，控制不良贷款率和信用风险；另一方面也得益于不断强化盈利能力和资本充足率，因此其所贡献的系统性风险在三种类型的商业银行中最低。

需要注意的是股份制银行和城商行的系统性风险溢出值。股份制银行虽然 %*CoVaR* 总体上较为稳定，但其内在波动比较明显。外因是监管机构的严格监管，更主要的内因是股份制银行面对更高的市场竞争压力，其业务开展更加激进，且没有完善的风险控制体系作为保障，因此面对强力监管时更容易遭受冲击。尤其需要关注的是股份行中的平安银行、招商银行、中信银行，其溢出值较为显著。

在城商行层面，其对系统性风险的溢出在三类银行中居于首位，且近年来有不断上升的趋势。城商行由于依托其所属区域开展业务，因此业务开展范围较为集中，具有明显的区域性风险。此外，由于其成立时间较短，客户忠诚度较低，为了在竞争中获取优势，其经营风格更为激进，通常风控体系不成熟，多重因素叠加下面临的系统性风险则最为剧烈。因此，监管层面应该加大对股份制银行和城商行的系统性风险溢出效应的关注。

5.6　研究小结：差异化监管的趋势

通过对我国上市商业银行的系统性风险的测度结果，我们可以看到，商业银行由于资产规模、资本金等差异，出现了银行分层，各银行在风险管理水平及抵御风险的能力上存在较大差异，也提出了差异化监管的要求。

2023年2月18日，中国银保监会会同中国人民银行就《商业银行资本管理办法（征求意见稿）》（简称《资本新规》）公开征求意见。修订后的资本新规拟定于2024年1月1日正式实施，这也标志着巴塞尔协议III最终版在中国的全面落地。《资本新规》根据资产规模和跨境业务将商业银行划分为三档，并对三档商业银行分别提出了差异化的监管要求。在监管理念上，这与2018年根据巴塞尔Ⅲ的流动性监管要求修订完成的《商业银行流动性风险管理办法》保持了内在一致性。

差异化监管体系的建立是基于对银行业体系内差异的事实，将实现守住不发生系统性风险的同时，降低中小银行合规成本，引导银行体系更好服务实体经济。也就是说，差异化监管的实施以保持银行业体系的稳健为前提，要激发中小银行活力。中小银行机构在发展定位、业务模式、服务对象等方面初步形成特色与优势，在服务地方经济建设、服务小微企业和农村市场的能力、提高金融服务广度等方面发挥了积极作用。差异化监管过程中，应采取措施防范大型银行非市场化过度下沉给中小银行带来的“挤出效应”，优化银行业生态，推动建立多层次、广覆盖银行业体系。

同时，可通过差异化监管鼓励中小银行走专业化、特色化发展道路，打造一批“专精特新”银行。这样的银行不应以资产规模或银行类型作为市场准入，将在产品创新、资格申请等方面予以优先考虑，人民银行在存款准备金率、再贷款申请等方面予以差别对待，鼓励银行走差异化发展，实现错位竞争。

第6章

金融改革、政策不确定性与系统性金融风险

中国的金融改革意味着不稳定性和预期的不明朗，导致了政策的不确定性。其中，货币政策不确定性表现在政府当局希望通过频繁调整货币政策达到扩张或紧缩经济的目的，频繁调整货币政策在一定程度上可以应对宏观经济周期的变化，然而也会影响商业银行对未来货币政策的合理预期，进而影响商业银行的信贷投放决策和风险承担策略，并进一步影响系统性金融风险水平。那么，金融改革的深化如何影响商业银行的风险承担？是否会提高系统性金融风险？对于上述问题的回答具有重要的理论和政策意义。

6.1 政策不确定性的制度经济学解释

改革开放以来，中国经济一直处于由计划经济向市场经济转型的过程中，中国的市场化改革采取的是渐进式的改革方式，即以成本最小化为目标。这种改革模式不会引起大的社会动荡，但由于决策者的有限理性和改革的“非帕累托”性质，使得改革的制度安排总是过渡性的，这就不可避免地给人们带来制度不确定性预期[①]。

中国的改革没有现成的模式可套，最初采取“摸索着石头过河”的改革方式，这是一条没有参照模式的道路，导致历史决策者的有限理性。决策者的有限理性一是体现在其预见力受其自身主观能力的限制，

① 具体论述见孙凤（2002）《消费者行为数量研究》。

部分知识存量不足；二是对有关方面知识的积累不足，很多知识属于操作层面，实践性强，只有在“边干边学”中才能积累。有限理性在渐进式改革的决策中，体现在改革目标的选择和确定上，不是在一开始就明朗和定型，而是弹性和动态的（周振华，1999），存在一个随改革的发展逐步迭代和递进的过程。由于决策者的有限理性使得推出的改革措施是一些过渡性制度安排，而不是对正式制度一次性地进行替换（周冰，2001）。过渡性制度安排具有非均衡和不稳定的性质。正是由于改革目标动态化的设定方式和过渡性制度安排，使人们难以事先对自身未来利益做出预期，也很难明确自己受损的程度。即使对未来有一个粗略的估计，也是随改革目标内容的不断调整而变化，由于制度的不断演进，使行为主体的制度不确定性预期大大增强。

近年来，我国的各项金融改革也在稳步推进，新的政策也在不断出台，这些政策认定了必须进行系列改革和改革的方向，但由于信息的不充分和未来的不确定性，在具体操作上留有空间，这就给相关的制度安排和调整留下了余地，导致了政策不确定性的预期。同时，经济主体也无法确切预知政府是否、何时以及如何改变现行经济政策（Gulen and Ion，2012）。而政府只有在新政策面临较低的政治成本[①]并且能够较为确定地改善经济形势时，才会改变现行经济政策，由于经济政策的政治成本往往不可预测，因此政治成本就成为经济政策不确定性产生的主要原因，而不确定性是风险产生的必要条件。

对于货币政策而言，货币当局通过改变市场上的货币供给情况或者利率水平影响微观经济主体的经营决策，最终达到促进国内外经济平

① 政治成本有两层意思，制度变迁主体的政治风险和制度变迁所造成的社会政治风险。

衡、推动国内经济改革等目标的经济政策。然而，频繁的货币政策调整可能使经济主体无法对货币政策未来变化形成合理预期，产生了货币政策的不确定性。Huang 和 Luk（2019）编制了中国货币政策不确定性指数（Monetary Poticy Uncertainty，MPU）衡量中国货币政策的不确定性程度[①]。

在对现实货币政策不确定性的还原情况上，Huang 等编制的货币政策不确定性指数与我国重要的经济事件基本吻合。图 6-1 为 2000 年 1 月至 2020 年 9 月的货币政策不确定性指数折线图。可以发现，2008 年次贷危机后，我国为了稳定宏观经济，货币当局频繁调整货币政策对宏观经济进行干预，导致短期内中国货币政策不确定性快速上升；2008 年至 2011 年，作为后金融危机时代的开局之年，世界经济局势动荡，国内货币当局倾向于通过频繁调整货币政策达到稳定国内宏观经济的目的，最终导致货币政策不确定性逐年提升；2012 年至 2013 年中国政府换届前后，国内外经济形势均有好转迹象，人民币币值稳定，因此货币政策不确定性呈现下降趋势；2015 年至 2016 年，货币当局通过频繁调整货币政策实现调节企业杠杆率的目的，因此货币政策不确定性有小幅上升；2020 年初，因为疫情原因导致货币当局快速改变货币政策，加大向市场投放流动性的力度，因此货币政策不确定性在短期内快速上升。鉴于此，可以发现货币政策不确定性指数在反映货币政策的变动程度不确定性上，具有较强的代表性。

① Huang.Y，Luk.P. Measuring Economic Policy Uncertainty in China［J］. China Economic Review，2019，59.

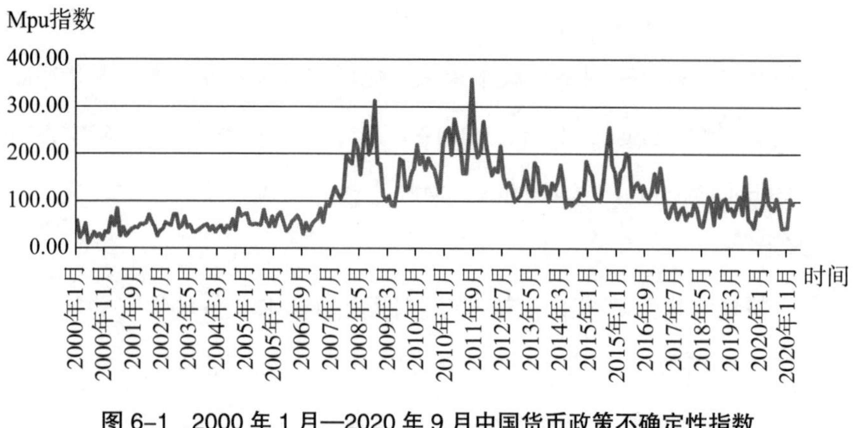

图 6-1　2000 年 1 月—2020 年 9 月中国货币政策不确定性指数

6.2　货币政策不确定性影响商业银行风险承担的机制

货币政策不确定性通过以下渠道影响商业银行的风险承担：

（1）银行信贷决策说

商业银行的信贷决策理论认为，货币政策不确定性提升往往预示着更加不稳定的宏观经济情况，不稳定的宏观经济往往会削弱企业的偿债能力和偿债意愿。一方面，企业的基本情况会受到不稳定的宏观经济的影响，货币政策不确定性提升一般会直接降低被贷款企业偿债能力；另一方面，不稳定的宏观经济会加深商业银行与企业之间的信息不对称。面对企业偿债能力和企业信息不对称性的双重恶化，商业银行出于规避不确定性、稳定自身业绩的考量，会主动降低自身的风险承担并采取更为保守的经营政策。

（2）政策透明度说

基于准确的政策判断，商业银行才会制定更为稳定与长远的信贷政策，因此在面对货币政策不确定性升高时，商业银行更倾向于降低自身的风险承担。货币政策不确定性的提升往往导致政策透明度的降低，商业银行在政策透明度较差的环境中将难以做出合理有效的货币政策预期，进而会采取保守的经营战略，并通过加强贷款资质审核和收缩贷款等方式减少自身的风险承担水平。

（3）投资者风险厌恶说

商业银行规避风险理论认为，在面临货币政策不确定性升高时，商业银行会被动降低自身的风险承担水平。其影响路径如下：一方面，货币政策不确定性提升导致被贷款类企业基本面恶化，企业的偿债能力减弱，无法支付更高的利息；另一方面货币政策不确定性提升导致商业银行信贷风险提升，商业银行会要求更高的风险溢价补偿承担的风险。这两种情况导致的结果就是：一方面，企业的付息能力在下降；另一方面商业银行会要求更高的利率以弥补自身风险承担。双重因素影响下，商业银行难以在市场中找到合适的信贷授予企业，最终减少自身信贷承担规模并降低自身风险承担水平。

6.3 货币政策不确定性影响商业银行风险承担的定量分析

6.3.1 研究变量的选取

（1）被解释变量

常见的用于量化商业银行风险承担的指标有：Z 值、预期违约率、风险加权资产占比、不良贷款率等。其中，Z 值在反映商业银行整体风险方面表现较差，因为 Z 值设立的根本目的是量化商业银行的破产风险，而在中国政府隐性担保的情况下，中国的商业银行面临的破产风险并非我国银行的主要风险承担；对于预期违约率，方意（2012）认为相较于发达的市场经济主体，我国商业银行的预期违约数据难以准确获得，且我国的二级市场并不发达，无法正确反映出企业市场价值（巴曙松，2018）。对于风险加权资产占比，由于2013年《巴塞尔协议》实施新规定后变化较大，造成2013年前后数据的可比性较差。因此，本书采用不良贷款率npl反映商业银行的风险承担水平。不良贷款率反映的是过去商业银行的风险承担意愿在当下承担风险的结果，二者都具有一定的滞后性，与货币政策不确定性指数在时间维度上具有较好的契合程度。

（2）解释变量

可采用Huang和Luk等（2019）编制的中国货币政策不确定性（MPU）指数作为解释变量。货币政策不确定性指数（MPU指数）是通过统计114家[①]媒体发布的文章和报道中有关货币政策不确定性的相关词汇构建的货币政策不确定性指数。该指数将2000年1月作为统计的起始日期，按照月度频率更新。指数的基本编制方法如下：首先统计每个月包含关键字的文章和报道总数，随后除以本月内所有报道和文章数目，最后再将2000年1月的指数标准化为100，进而得到当月货币政策不确定性指数。Huang和Luk编制的新指数有以下优点：首先，新指数不但统计海外媒体对中国的报道，也通过统计国内媒体对政策不确定性的报道，能够客观地捕捉经济政策不确定性的变化；其次，标准化的处理提升指数的计量分析属性；最后，新指数进行了多个稳健性测试，结果显示指数受媒体偏差影响轻微。数据处理时，对货币政策不确定性

① Huang.Y，Luk.P. Measuring economic policy uncertainty in China［J］. China Economic Review. 2019，59.

指数取自然对数处理，既保留了政策不确定性的波动情况，又在保留货币政策不确定性波动情况的前提下降低了数量级。

（3）商业银行的经营变量

第一，盈利能力（roe）。盈利能力用于衡量商业银行净资产的经营效率。净资产收益率的提升一定程度上会抑制商业银行的风险承担，净资产收益率越高说明商业银行净资产的盈利效率越高，商业银行有越多利润用于不良资产减值损失的计提和自身风险因素的抵补，进而降低商业银行的风险承担。

第二，资本充足率（car）。资本充足率反映的是商业银行的净资本充足程度。学界普遍认为，资本充足率的提升会显著抑制商业银行的风险承担水平。

第三，银行规模（size）。关于商业银行规模对风险承担的影响，学界并未形成统一的结论。部分学者认为，商业银行规模的扩张会促使其承担更多的金融风险，这是由于大型银行往往凭借自身在金融系统的外部性和“大而不倒”的特性会获得政府部门的隐性担保，拥有政府隐性担保的大型商业银行更倾向于通过承担超额风险获得超额收益；另一部分学者则认为，商业银行规模的提升会抑制商业银行承担金融风险，其理由在于，相较于中小银行，大型商业银行往往会面临更严格的金融监管环境，同时大型商业银行拥有更加完善的风险管理系统和风险管理人才团队，在商业银行外部更高的监管要求和商业银行内部更完善的风险管理体系两大因素的共同作用下，大型商业银行更倾向于承担更少的风险。

第四，杠杆比率（lev）。杠杆比率一定程度上可以反映商业银行自有资本的充实程度，进而反映商业银行应对未预期损失的能力。当商业银行在发生预期之外的损失时，最先弥补损失的就是商业银行的自有资本。学界普遍认为过高的负债水平会增加商业银行的付息压力，进而抑制商业银行的风险承担，迫使商业银行采取更为严格的贷款投放标准。

第五，流动性（liq）。存贷比反映的情况是商业银行负债端对资产端的支持程度。存贷比越高，商业银行便将更多的存款负债以贷款的资产形式进行投放，这种情况意味着商业银行承担着更高的金融风险，因此普遍认为流动性比率和商业银行风险承担之间存在正相关的关系。

第六，中间收入占比（nirr）。商业银行根据自身业务多元化的程度会开展一些非存贷利息类的业务，这类业务既不占用商业银行的资本金，同时产生不同于贷款类资产产生的利息类收入，因此这类业务获得的收入叫作“非利息收入”或“中间业务收入”。学界在商业银行非利息收入如何影响商业银行风险承担这一问题上，尚存在分歧。Kevin 和 Rofres（1999）通过实证研究了非传统类业务对商业银行的风险承担影响，结果发现商业银行中间收入占比的提升可以有效地降低商业银行的风险承担水平；王志军（2004）利用中国商业银行数据也有类似的发现。也有学者有相反的发现，例如，Robert（2001）和 Leaitia Lepetit（2008）利用美国数据发现，非息收入占比的提升将会促进商业银行承担更多金融风险，章艳红（2010）和庄启善（2013）利用中国数据也有类似的发现。

（4）宏观经济变量

第一，实际 GDP 增速（ggdp）。学界对实际 GDP 增速如何影响商业银行风险承担这一问题尚且存在争议。部分学者认为，较快的经济增长反映的是基本面情况的持续好转，在此情况下借贷企业的还款能力强，商业银行也更乐于通过承担额外的风险获得更多的收益，进而提升商业银行的风险承担水平。另一部分学者则认为经济情况的好转也将改善企业的盈利水平、提升企业的偿债能力，降低商业银行的风险承担水平。

第二，M2 增长率（gm2）。货币供应速率的提高通常会显著降低商业银行承担的金融风险水平。从商业银行角度来看，货币供应量的增加会降低商业银行自身流动性持有的成本，促使商业银行持有更多高流动性资产，降低了自身的风险承担水平；从被贷款企业角度来看，货币供应增加会显著改善企业的融资能力，进而增强企业的偿债意愿和偿债能力，从而降低商业银行的不良贷款比率及商业银行的风险承担水平。

总结来看，主要变量描述如表 6–1 所示。

表 6–1 主要变量描述

变量类型	变量名称	具体说明
被解释变量	npl	商业银行风险承担代理变量，不良贷款率，数值越小表示商业银行风险承担越小
解释变量	mpu_chn	中国货币政策不确定性指数季度算数平均值的对数
	WMPU	采用新的时间加权后的货币政策不确定性指数
控制变量	car	资本充足率 = 资本总额 / 风险加权资产
	roe	资产利润率 = 净利润 / 总资产期初期末均值
	lev	资产负债率 = 总负债 / 总资产
	liq	流动性代理指标 = 贷款总额 / 存款总额
	size	商业银行总资产的对数
	nirr	中间收入占比 = 中间收入 / 总收入
	ggdp	实际 GDP 增速 =[（本期实际 GDP/ 上期实际 GDP）–1] × 100%
	gm2	广义货币供给增速 = [（本期 M2/ 上期 M2）–1] × 100%
规模异质性	sh	规模异质性代理变量，设定大于等于规模中位数的为 1，小于规模中位数的为 0
中介变量	cash	现金类资产占比 =（现金及存放央行 + 存放同业和其他金融机构）/ 总资产
内生性检验	mpu_usa	美国货币政策不确定性指数季度算数平均值
	mpu_eur	欧盟货币政策不确定性指数季度算数平均值

6.3.2 样本选取与数据来源

本书以中国 37 家 A 股上市商业银行作为研究对象，采用 2012 年第一季度至 2019 年第四季度上市商业银行数据构建的非平衡面板数据，数据的选择跨越了中国经济进入“新常态”这一转型阶段。银行数据源自 Wind 数据库，货币政策不确定性指数源自 http：//ecnomicpolicyuncertaintychina.Weebly.com，宏观数据源自国家统计局。各变量的描述性统计如表 6–2 所示。

表 6–2　主要变量描述性统计

变量类别	变量名称	平均值	最小值	中位数	最大值	标准差	观测数
解释变量	npl	1.37	0.38	1.4	2.47	0.38	736
解释变量	mpu_chn	4.63	4.06	4.57	5.37	0.31	736
	WMPU	4.61	4.20	4.83	5.20	0.35	736
控制变量	size	28.19	24.92	28.36	31.05	1.65	736
	car	12.98	8.78	12.88	17.52	1.48	736
	lev	93.09	90.28	93.17	96.45	1.07	736
	liq	71.34	38.61	71.46	113.05	13.1	736
	roe	15.57	6.02	15	32.14	4.22	736
	nirr	24.44	−14.62	24.54	72.35	11.01	736
	ggdp	6.82	6.1	6.8	8.1	0.44	736
	gm2	10.42	8	9.1	15.7	2.26	736
规模异质性	sh	0.56	0	1	1	0.5	736
中介变量	cash	0.14	0.06	0.13	0.31	0.04	736
内生性检验	mpu_usa	4.25	3.91	4.32	5.86	0.47	736
	mpu_eur	4.01	3.69	4.19	5.44	0.29	736

6.3.3 定量分析模型的设定

（1）基准回归模型

本部分首先通过建立个体时点双固定效应模型论证假设一：货币政策不确定性提升降低商业银行的风险承担。构建的模型如下：

$$npl_{i,t}=\beta_0+\beta_1 mpu\_chn_{i.t}+\beta_2 roe_{i.t}+\beta_3 car_{i.t}+\beta_4 size_{i.t}+\beta_5 lev_{i.t}$$
$$+\beta_6 liq_{i.t}+\beta_7 nirr_{i.t}+\beta_8 ggdp_t+\beta_9 gm2_t+\mu_t+v_i+\varepsilon_{i,t} \quad （6-1）$$

模型（1）中，$mpu\_chn_{i.t}$ 表示 t 期中国货币政策不确定性指数 MPU 经过对数处理后的取值，其回归系数 β_1 反映了货币政策不确定性会对商业银行风险承担产生什么样的影响。倘若 β_1 显著为负，则证明假设一成立，即货币政策不确定性的提升会显著抑制商业银行的风险承担。控制变量包括净资产利润率（roe）、商业银行资本充足率（car）、商业银行规模的自然对数（size）、资产负债率（lev）、流动性指标（liq）、中间收入占比（nirr）、实际 GDP 增速（ggdp）和广义货币供给增速（gm2）。v_i 表示银行个体效应，μ_t 表示时间效应，$\varepsilon_{i,t}$ 是误差项。

（2）规模异质性模型

规模异质性在商业银行风险承担的研究中具有重要的理论和现实意义。理论意义方面，学者们就商业银行规模差异如何影响商业银行承担和调整风险这一问题存在分歧。有学者认为商业银行规模越大，政府赋予的“隐性担保”越多，商业银行更有可能通过增加自身风险承担获得更多的利润[①]；有的学者认为商业银行规模越大，在面临政策不确定性

① 王可，“宏观经济不确定性、货币政策传导与银行风险承担”，《经济研究》，2017 年第 3 期，第 139–146 页。

上升时会受到更为严格的监管，进而减少自身的风险承担水平[①]。现实意义方面，如果规模对商业银行风险承担会产生影响，那么在制定政策时就需要对不同规模的商业银行区分考虑，同时商业银行也需要根据自身规模的不同调整自身风险承担策略。

基于此，本部分通过构建规模虚拟变量 sh 研究论证假设二。规模虚拟变量的构建以样本商业银行规模变量 size 的中位数为分界线，大于等于分界线的设定为 1 并且命名为大型商业银行，小于分界线的设定为 0 并且命名为中小型商业银行。在进行完分组回归后，再对检验交叉项 sh_mpu_chn 是否显著进行检验。构建的模型如下：

$$npl_{i,t}=\beta_0+\beta_1 mpu\_chn_{i.t}+\beta_2 roe_{i.t}+\beta_3 car_{i.t}+\beta_4 size_{i.t}+\beta_5 lev_{i.t}+\beta_6 liq_{i.t}+\beta_7 nirr_{i.t}+\beta_8 ggdp_t+\beta_9 gm2_t+\mu_t+v_i+\varepsilon_{i,t} \quad (6\text{-}2)$$

$$npl_{i,t}=\beta_0+\beta_1 mpu\_chn_{i.t}+\beta_2 sh\_mpu\_chn_{i.t}+\beta_3 roe_{i.t}+\beta_4 car_{i.t}+\beta_5 size_{i.t}+\beta_6 lev_{i.t}+\beta_7 liq_{i.t}+\beta_8 nirr_{i.t}+\beta_9 ggdp_t+\beta_{10} gm2_t+\mu_t+v_i+\varepsilon_{i,t} \quad (6\text{-}3)$$

倘若模型（6–2）中货币政策不确定性 $mpu\_chn_{i,t}$ 的系数 β_1 在大型商业银行和中小型商业银行的模型中均显著，并且模型（6–3）中的交叉项 $sh\_mpu\_chn_{i,t}$ 的系数 β_2 也显著，则说明大型商业银行和中小型商业银行对货币政策不确定性的敏感程度不相同，大型商业银行的敏感度是模型（6–3）中的（$\beta_1+\beta_2$），中小型商业银行的敏感性是模型（6–3）中的 β_1。那么则证实假设二成立，即商业银行在面对货币政策不确定性时，不同规模的商业银行对货币政策不确定性具有显著差异。

① 张强，乔煜峰，张宝，“中国货币政策的银行风险承担渠道”，《金融研究》，2013 年第 8 期，第 84–97 页。

（3）中介效应模型

基于对货币政策不确定性对风险承担影响的研究和货币政策不确定性敏感程度对规模异质性的研究，探究商业银行会通过什么手段应对货币政策不确定性的改变，进而改变自身风险承担也具有重要的理论和现实意义。一方面对中介效应的研究可以丰富理论，另一方面在指导商业银行经营方面具有意义。因此设计中介效应模型，使用逐步回归的方法验证假设三：现金持有在货币政策不确定性影响商业银行风险承担过程中具有中介作用。其中是通过计算商业银行现金类资产占总资产的比重描述现金持有行为的中介变量。基于此，构建以下递归方程：

$$npl_{i,t}=\rho_0+\rho_1 mpu\_chn_{i.t}+\rho_2 roe_{i.t}+\rho_3 car_{i.t}+\rho_4 size_{i.t}+\rho_5 lev_{i.t}+\rho_6 liq_{i.t}+\rho_7 nirr_{i.t}+\rho_8 ggdp_t+\rho_9 gm2_t+\mu_t+v_i+\varepsilon_{i,t} \quad (6\text{–}4)$$

$$cash_{i,t}=\kappa_0+\kappa_1 mpu\_chn_{i.t}+\kappa_2 roe_{i.t}+\kappa_3 car_{i.t}+\kappa_4 size_{i.t}+\kappa_5 lev_{i.t}+\kappa_6 liq_{i.t}+\kappa_7 nirr_{i.t}+\kappa_8 ggdp_t+\kappa_9 gm2_t+\mu_t+v_i+\varepsilon_{i,t} \quad (6\text{–}5)$$

$$npl_{i,t}=\varphi_0+\varphi_1 mpu\_chn_{i.t}+\varphi_2 cash_{i.t}+\varphi_3 roe_{i.t}+\varphi_4 car_{i.t}+\varphi_5 size_{i.t}+\varphi_6 lev_{i.t}+\varphi_7 liq_{i.t}+\varphi_8 nirr_{i.t}+\varphi_9 ggdp_t+\varphi_{10} gm2_t+\mu_t+v_i+\varepsilon_{i,t} \quad (6\text{–}6)$$

借鉴温忠麟（2004）的做法，采用逐步回归的方法进行中介效应检验。如图 6–2 所示。

首先检验模型（1）中货币政策不确定性 $mpu\_chn_{i,t}$ 系数 ρ_1 的显著性。若 ρ_1 显著，进行第二步去检验模型（2）和模型（3）中货币政策不确定性 $mpu\_chn_{i,t}$ 的系数 κ_1 和 φ_1 的显著性，若系数 κ_1 和 φ_1 中存在不显著的系数，我们需要进行下一步检验以判断中介变量是否可以完全解释被解释变量 $npl_{i,t}$ 的变化。第三步检验中，若 Sobel 检验中的 Z 值显著，则说明存在中介效应。如果 Z 值不显著，中介效应不存在；存在中介效应的前提下，我们需要验证中介变量是否可以作为被解释变量的“完全中介”。在 κ_1 和 φ_1 均显著的基础之上，φ_2 不显著，即 $\beta_1 mpu\_chn_{i,t}$ 完全借助中介变量 $cash_{i,t}$ 影响被解释变量 $npl_{i,t}$；显著，φ_2 则假设三成立，存在部分中介效应，$\beta_1 mpu\_chn_{i,t}$ 部分经过中介变量 $cash_{i,t}$ 影响被解释变量 $npl_{i,t}$。部分中介效应程度为 $\frac{K_1\varphi_1}{K_1\varphi_1+\varphi_2}$。

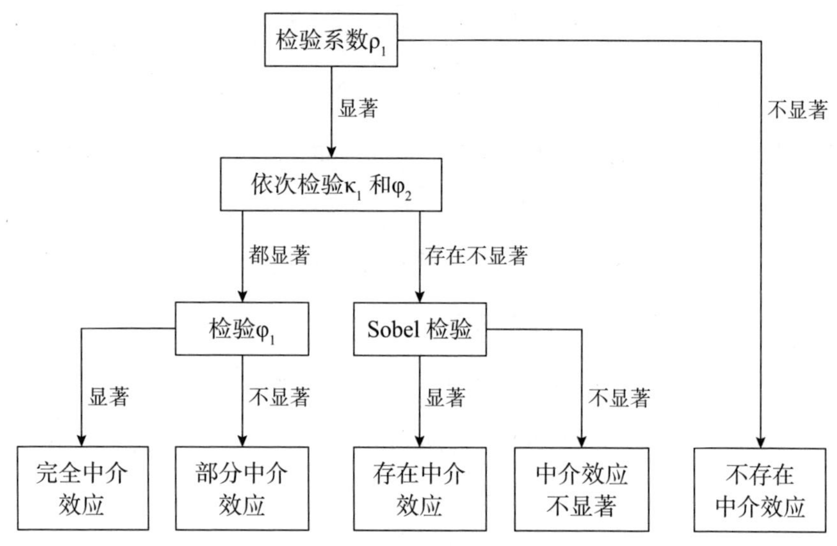

图 6-2 中介效应的检验流程

6.3.4 定量分析结果及剖析

本部分实证内容在控制商业银行时间固定效应和个体固定效应的基础上，利用 stata15.0 进行回归分析。

（1）基准模型实证结果

基准模型的回归结果如表 6-3 所示。

表 6-3　基准模型回归结果

变量名	NPL		
	(1)	(2)	(3)
mpu_chn	–0.1665**	–0.2346**	–0.2704***
	(–2.31)	(–2.71)	(–2.48)
roe	—	–0.0300***	–0.2997***
	—	(–2.69)	(–2.17)
car	—	–0.0236***	–0.236*
	—	(–8.17)	(–1.15)
size	—	–0.4899**	–0.4899***
	—	(–2.76)	(–2.76)
lev	—	–0.0596***	–0.0596
	—	(–3.28)	(–1.37)
liq	—	0.0125***	0.0125***
	—	(9.73)	(4.32)
nirr	—	0.0032**	0.0032*
	—	(3.10)	(1.73)
ggdp	—	—	0.7498***
	—	—	(3.73)
gm2	—	—	–0.2876***
	—	—	(–4.46)
截距项	2.0987***	21.3919***	20.0372
	(6.37)	(7.17)	(–3.39)
个体效应	控制	控制	控制
季度效应	控制	控制	控制
调整后 R2	0.3011	0.0833	0.0833

注：*、** 和 *** 分别对应 10%、5% 和 1% 的显著性水平。

实证结果显示，货币政策不确定性 $mpu\_chn_{i,t}$ 的系数在 1% 的置信区间内显著为负，这说明货币政策不确定性的上升在 1% 的置信区间下显著抑制商业银行的风险承担水平，这一结论证实了假设一。这一结论的理论分析如下：首先，货币政策不确定性上升会导致商业银行的经营环境更加不确定，进而商业银行更难以做出最符合自身利益最大化的信贷决策，在此背景下商业银行会选择更为保守的投资策略，包括但不限于：收缩贷款规模、加强对企业的信贷审核、通过向更优质客户提供更多信贷以改善自身贷款结构等；其次，货币政策不确定性上升会降低企业的偿债能力和偿债意愿，进而降低自身提供风险抵补的能力，因此商业银行承担风险的意愿进一步下降；最后，商业银行会根据以往的货币政策变动情况设定自身信贷规模指标和信贷结构指标。当货币政策无法合理预期时，相较于采取积极的信贷投放政策，更为保守的信贷投放政策可以更为有效地降低商业银行遭受损失的风险，进而降低自身风险承担的意愿。

盈利水平 roe 与银行风险承担在 99% 的置信区间下显著负相关（β_2=−0.2997），可能的原因是：一方面，商业银行盈利水平上升说明整体经济环境较好，在此情况下商业银行的贷款客户偿债能力和偿债意愿较强，更有可能偿还债务，因此商业银行承担的贷款风险下降；另一方面，商业银行盈利能力的提升意味着商业银行通过获得更多的利润进而可以计提更多的资产减值损失，充足的资产减值损失用于处理不良贷款，进而降低自身的风险承担水平。

商业银行规模的提升会显著抑制银行的风险承担水平，可能原因如下：首先，根据 Mayer（1975）研究结论，商业银行的“外部性”和商业银行的规模呈现显著正相关的关系，即规模越大的商业银行在金融系统中的重要性越强，倘若“外部性”较强的商业银行发生信任危机或者“挤兑”，恐慌将从单个大型商业银行很快蔓延到整个金融体系，因此规模更大的商业银行需要满足监管机构更为严苛的监管标准，最终限制商业银行提升自身风险水平；其次，大型商业银行的风险控制体系更为成熟、风险管理人才队伍更为完善，有更强的能力实现对风险的管理；最后，大型商业银行获客面广、客户质量高、客群分散的特点一定程度上也削减了其非系统性风险的承担能力。基于以上三方面的原因，商业银行规模的提升会显著抑制其承担金融风险。

资本充足性和商业银行风险承担之间是显著负相关关系，说明资本越充足的商业银行承担的风险程度越低，与预期相符；资产负债率 lev 与商业银行的风险承担呈现负相关关系，说明负债越低的商业银行风险承担越低，与预期相符；流动性比例 liq 和风险承担呈现显著正相关，表明贷款占负债比例越高的商业银行风险承担越高，符合理论预期。

宏观因素 ggdp 和商业银行风险承担呈现正相关，可能的原因是：宏观经济增长越快，经济环境越好，商业银行对企业偿债能力的预期越偏向正面，最终导致商业银行愿意承担更高的风险；广义货币增长率 gm2 和商业银行风险承担呈现负相关关系，可能的原因是：宽松的货币条件为实体经济提供了足够的流动性，进一步增强了贷款企业偿还现金的能力，使商业银行承担的风险下降。

（2）规模异质性模型实证结果

为了验证假设二，探究不同规模的商业银行对货币政策不确定性的敏感程度是否不同，对商业银行货币政策不确定性敏感程度规模异质性的实证研究结果如表 6-4 所示。

表 6–4　规模异质性回归结果

变量名	NPL			
	全样本	大型银行	小型银行	交叉项检验
mpu_chn	–0.2704***	–0.2594***	–0.2988***	–0.2802***
	（–2.48）	（–2.63）	（–2.59）	（–2.60）
mpu_chn*sh	—	—	—	0.0133**
				（1.61）
roe	–0.2997***	–0.0164**	–0.0323**	–0.0305**
	（–2.17）	（–1.95）	（–1.74）	（–2.20）
car	–0.236*	–0.0452	–0.2154	–0.2303
	（–1.15）	（–1.10）	（–0.91）	（–1.12）
size	–0.4899***	0.2484*	–0.7317***	–0.5155***
	(–2.76)	（0.73）	（–3.09）	（–2.83）
lev	–0.0596	–0.0888	–0.0575	–0.0542
	（–1.37）	（–1.30）	（–1.04）	（–1.20）
liq	0.0125***	0.01472***	0.0071**	0.0123***
	（4.32）	（3.69）	（1.64）	（4.16）
nirr	0.0032*	0.0006	0.0030	0.0032*
	（1.73）	（0.38）	（1.44）*	（1.73）
ggdp	0.7498***	0.9972***	0.4996*	0.7483***
	（3.73）	（4.76）	（1.82）	（3.79）
gm2	–0.2876***	–0.2287***	–0.2622**	–0.2891***
	（–4.46）	（–5.23）	（–2.39）	（–4.59）
截距项	20.0372***	–0.7083	24.74***	20.0365***
	（3.39）	（–0.07）	（3.47）	（5.84）
个体效应	控制	控制	控制	控制
季度效应	控制	控制	控制	控制
调整后 R2	0.0833	0.6397	0.3785	0.0889

注：*、** 和 *** 分别对应 10%、5% 和 1% 的显著性水平。

实证结果显示，不同规模的商业银行对货币政策不确定性的敏感程度不相同。以所有商业银行样本的规模中位数为划分标准，大于或等于商业银行样本中位数的为大型商业银行，小于样本中位数的为中小型银行。引入虚拟变量 sh，若研究样本为大型商业银行，则 sh=1；若研究样为中小型商业银行，则 sh=0。在分组回归的基础之上引入规模和货币政策不确定性的交叉项 mpu_chn*sh 验证对于大型商业银行和中小商业银行对货币政策不确定性的敏感程度是否显著不同。

首先，从全样本回归结果中可以得出：商业银行规模的提升会显著降低商业银行的风险承担水平（β_4=–0.4899）。其次，从对大型商业银行和小型商业银行分别进行的回归中可以得到：大型商业银行 β_1 的绝对值小于小型商业银行 β_1 的绝对值，说明相较于中小型商业银行，大型商业银行对货币政策不确定性的变动更加不敏感。最后，在交叉项检验的模型中，规模交叉项 mpu_chn*sh 在 5% 的置信区间下显著为正，表明规模上升显著会降低商业银行风险承担对货币政策不确定性的敏感程度。验证了假设二。

导致这一现象可能的原因是：一方面，大型商业银行面临的监管更严，本身调节自身风险承担的空间不大，因此对货币政策的不确定性更不敏感；另一方面，大型商业银行拥有更多的资金资源和人才资源建设自身管理货币政策不确定性对自身风险承担的影响，因此对货币政策不确定性更不敏感。

（3）中介效应模型实证结果

基于基准回归模型，论证了商业银行在面临不确定性上升的货币政策时，会降低自身的风险承担。为了验证假设三，即现金持有在货币政策不确定性影响商业银行风险承担过程中具有中介作用，参考温忠麟

（2009）的逐步回归法。第一步，检验货币政策不确定性对商业银行风险承担总效应，倘若 mpu_chn 的系数显著，进行第二步回归分析，第一步的回归结果在表 6–3 中已展示；第二步，检验以中介变量 cash 构成的回归和加入中介变量 cash 对总体的回归，倘若在对 cash 进行回归的模型中 mpu_chn 显著同时对总体回归中 cash 显著，则说明中介效应存在，倘若有一个不显著，则进行第三部检验；第三步，完成 Sobel 检验，倘若 Z 值显著，那么中介效应存在；第四步，计算中介效应对被解释变量的解释程度。其中，第二步回归结果如表 6–5 所示，结果显示解释变量 mpu_chn 在 1% 置信区间上显著。

表 6–5　中介效应检验结果（1）

变量名	cash
mpu_chn	−0.04***
	（−2.83）
roe	0.0019**
	（1.93）
car	0.0034*
	（1.90）
size	−0.0122*
	（−1.56）
lev	−0.0004
	（−0.11）
liq	−0.0001
	（−0.33）
nirr	−0.0002
	（−0.83）

续表

变量名	cash
ggdp	0.08164***
	（3.18）
gm2	–0.0200**
	（–2.27）
截距项	0.5502
	（0.93）
个体效应	控制
季度效应	控制
修正后 R2	0.3700

注：*、** 和 *** 分别对应 10%、5% 和 1% 的显著性水平。

第三步回归结果如表 6–6 所示。

表 6–6　中介效应检验结果（2）

变量名	npl
mpu_chn	–0.29**
	（–2.44）
cash	0.14
	（0.37）
roe	–0.0305**
	（–2.23）
car	–0.246
	（–1.16）
size	–0.4864*
	（–2.72）
lev	–0.0596
	（–1.37）

续表

变量名	npl
liq	0.0125***
	(4.33)
nirr	0.0032*
	(1.74)
ggdp	0.72678***
	(3.32)
gm2	-0.2819***
	(-4.09)
个体效应	控制
季度效应	控制
修正后 R2	0.089

注：*、** 和 *** 分别对应 10%、5% 和 1% 的显著性水平。

表 6-6 的回归结果显示，解释变量 cash 不显著，说明商业银行的货币持有行为在货币政策不确定性影响商业银行风险承担的路径过程中，起到的是部分中介作用，即存在除了货币持有中介之外的其他中介行为。经过第三步的 Sobel 检验后，检验结果显著。根据实证结果，假设三成立，即商业银行在面临货币政策不确定性上升时，商业银行现金持有行为会部分影响商业银行的风险承担。可以根据温忠麟（2004）的计算方法，进一步得出中介效应为 7.65%。中介效应的影响路径为，面对货币政策不确定性上升的环境，商业银行会持有更多流动性更高的资产，高流动性资产主要是现金类资产，进而商业银行会通过提高自身高流动性资产占总资产的比例而降低商业银行自身承担的风险水平。

6.3.5 定量分析的稳健性检验

货币政策不确定性指数 MPU 的原始数据频次为月度，在将月度数据转换为季度数据频次方面，国内外学者存在分歧。借鉴 Gulon(2012)、王化成（2016）的做法，给更近一月的不确定性数据更高的权重，再次构建衡量中国货币政策不确定性的季度指标 WMPU，计算方法为公式（6–7）：

$$WMPU_t=\ln\left(\frac{3MPU_{t-1}+2MPU_{t-2}+MPU_{t-3}}{6}\right) \quad (6\text{–}7)$$

基于重新构造的货币政策不确定性数据 WMPU 再次进行回归，回归结果如表 6–7 所示。

表 6–7　货币政策不确定性代理变量调整后的稳健性检验结果

变量名	npl	
	（1）	（2）
WMPU	−0.2926***	−0.3189***
	（−2.62）	（−2.85）
WMPU_sh	—	0.02390***
		（2.78）
roe	−0.0271***	−0.02862***
	（−3.56）	（−3.82）
car	−0.1992*	−0.0196**
	（−1.17）	（−1.16）
size	−0.6225***	−0.6583***
	（−3.93）	（−4.33）
lev	−0.03196	−0.0205
	（−0.81）	（−0.53）

续表

变量名	npl	
	（1）	（2）
liq	0.0169***	0.01651***
	（6.28）	（6.11）
nirr	-0.0007	-0.0007
	（-0.79）	（-0.40）
ggdp	0.5867***	0.6302***
	（3.89）	（3.99）
gm2	-0.2158***	-0.2254***
	（-7.28）	（-7.70）
截距项	21.00***	21.12***
	3.79	-5.33
个体效应	控制	控制
季度效应	控制	控制
调整后 R2	0.0338	0.0345

注：*、** 和 *** 分别对应 10%、5% 和 1% 的显著性水平。

表 6-7 的回归结果显示，加权平均货币政策不确定性指数 WMPU 与商业银行风险承担 npl 在 1% 水平上显著，并且符号为负，证明实证结果稳健，并且支持假设一，即商业银行的风险承担会因为货币政策不确定性上升而下降；同时根据交叉项 WMPU_sh 在 5% 水平上显著为正，验证了假设二，即商业银行在面对货币政策不确定性时，不同规模的商业银行对货币政策不确定性的敏感程度是不同的，并且规模越大的商业银行对货币政策不确定性的变动越不敏感。

进一步，利用 WMPU 检验中介效应的稳健性。对于第一步回归结果，如表 6-8 所示，发现解释变量 WMPU 在 1% 水平上显著。

表 6-8　中介效应稳健性检验结果（1）

变量名	cash
WMPU	−0.04**
	（−2.59）
roe	0.0015*
	（1.85）
car	0.0022
	（1.12）
size	−0.0084
	（−0.27）
lev	−0.0255*
	（−1.37）
liq	−0.0274*
	（−1.67）
nirr	−0.0004
	（−1.44）
ggdp	0.0559***
	（2.48）
gm2	−0.0014*
	（−1.26）
截距项	−0.8325
	（−0.10）
个体效应	控制
季度效应	控制
修正后 R2	0.3988

注：*、** 和 *** 分别对应 10%、5% 和 1% 的显著性水平。

进行第二步回归，如表 6-9 所示。

表 6-9　中介效应稳健性检验结果（2）

变量名	npl
WMPU	-0.29**
	(-2.44)
cash	0.1725
	(0.63)
roe	-0.0276**
	(-3.62)
car	-0.0246
	(-1.03)
size	-0.6196*
	(-3.89)
lev	-0.03286
	(-0.83)
liq	0.0170***
	(6.39)
nirr	0.0034*
	(1.77)
ggdp	0.5669***
	(3.70)
gm2	-0.2157***
	(-7.20)
截距项	16.94***
	(3.39)
个体效应	控制
季度效应	控制
修正后 R2	0.0342

注：*、** 和 *** 分别对应 10%、5% 和 1% 的显著性水平。

结果显示，解释变量 WMPU 在对被解释变量 cash 回归时，在 5% 的置信区间上显著，同时解释变量 WMPU 和 cash 在对被解释变量 npl 回归时，WMPU 在 5% 的置信区间上显著，cash 不显著，检验结果通过 Sobel 检验。我们可以认为，货币持有行为在商业银行面对货币政策不确定性提升进而改变自身风险承担的过程之中，具有中介效应。

进一步计算得到，中介效应比例为 6.30%。中介效应模型的实证结果稳健，并且证明假设三：商业银行在面临货币政策不确定性上升时，商业银行现金持有行为会部分影响商业银行的风险承担。

同时，采用 Hausman 检验判断是否存在内生性问题，检验结果如表 6–10 所示。

表 6–10　内生性检验结果

变量名	npl
mpu_chn	–0.10895***
	(–2.28)
个体效应	控制
季度效应	控制
Hausman P 值	0
Kleibergen–Paap F 值	34.95
sargan P 值	0.2976

Hausman 检验结果表明解释变量中至少存在一个是内生变量，因此应该对模型存在的内生性问题进行考虑。Kleibergen–Paap 的 F 检验值为 34.95，大于 Stock–Yogo 检验在 5% 置信区间下的阈值 19.93，不存在弱工具变量问题。接下来采用 sargan 检验判断是否存在过度识别问题

进行检验。如表 6–10 所示，本模型得到的 sargan 的 P 值为 0.2976，大于 0.05，不存在过度识别问题。模型具有相关性和有效性。

采用两阶段最小二乘（2SLS）控制模型存在的内生性问题。选取美国、欧盟货币政策不确定性指数作为工具变量，并对其进行对数化处理。选取美国、欧盟货币政策不确定性指数作为工具变量的逻辑如下：一方面，全球化使中国国内货币政策容易受到发达国家货币政策变动的影响；另一方面，中国银行业国际化程度相对较低，单个银行受发达经济体货币政策变动的影响反而不明显。模型引入工具变量后，货币政策不确定性对商业银行风险承担的影响显著负相关，进一步证实货币政策不确定性的提高会降低商业银行的风险承担程度。

6.4 研究小结

我们面对的是一个不确定性的世界，而我国推进的渐进迭代式的改革加剧了这种不确定性，其突出表现就是政策的不确定性。这种不确定性的效果体现在正反两个方面：一方面，中国是一个机勃勃的经济体，体制机制一直处于变革之中，即“改革永远在路上”，“吃改革饭、走开放路”，释放出制度创新红利；另一方面，政策的不确定性也增加了未来预期的不明朗，导致经营环境更加不确定，包括商业银行在内的各经营主体的行为决策更加保守，降低了投资意愿和风险承担。以商业银行为例，当其无法对货币政策进行合理预期时，往往倾向于更为保守的信贷投放政策以降低商业银行可能遭受损失的风险，即降低自身风险承担的意愿。

然而，作为经营风险的机器，在风险可控的前提下，商业银行通过风险换取收益，既保证其经营盈利性，也同时为实体经济提供“血液”。因此，从商业银行进行必要的风险承担、更好地服务实体经济这个角度来看，应稳定预期、降低政策的不确定性，让金融监管回归其防范风险的本源，实现商业银行风险承担与经营收益间的平衡。

第7章

银行业系统性风险预警

7.1 预警模型的理论基础

7.1.1 风险预警的相关模型

20 世纪末，三大金融危机的爆发引起世人对预警研究的关注，学界开始尝试建立各种预警模型。系统性金融风险来临之际，多项指标会发生不同程度的异动，选择对危机反应灵敏、变动明显的指标构建预警指数，可以在危机爆发前做出警示，这为监测风险提供了理论上的可行性。

危机预警研究主要有三大主流模型，均诞生于 1996 年[①]。

（1）FR 概率模型：该模型由 Frankel 和 Rose 提出，原理是历史数据可以在分析当前危机成因时提供参考。他们选取多个国家的年度数据测算出爆发金融危机的可能性。

（2）STV 模型：该模型由 Sachs、Tornell 和 Velasco 三人提出，因使用的数据为横截面数据而得名 STV 横截面回归模型。创立者将该模型用于分析同类因素引发的金融风险，选取巴西、马来西亚等 20 个新兴市场国家的数据，重点关注和货币危机相关的指标。该模型的一大优势是弥补了其他模型忽视国别差异的问题。

---

① 何青，钱宗鑫，刘伟，“中国系统性金融风险的度量——基于实体经济的视角”，《金融研究》，2018 年第 4 期，第 53–70 页。

（3）KLR 模型：学者 Kaminsky 在 1996 年基于信号分析的思路创立了 KLR 模型，并于 1999 年对模型加以完善，用于研究货币危机。

这三种最为经典的预警模型一直被学界沿用，之后的学者在已有模型的基础上加以完善，做出了创新和扩展。刘遵义（1995）[①] 建立主观概率模型，预测了东南亚金融危机的发生。学者 Andrew（1999）[②] 提出了 DCSD 预警模型，该模型是 KLR 模型与 FR 模型的结合，在系统性风险预警方面具有良好表现[③]。Abiad（2003）[④] 测量风险时采用马尔可夫转换法，他选取了多项经济指标并测度这些指标在系统性风险中的时变转移概率。Kumar 和 Moorthy（2003）构建了 Simple Logit 模型，该模型的优势是既能测量内部风险爆发概率，也能预测外部风险概率。Ciarlone Alessio（2005）[⑤] 等人对 Logit 模型做出扩展，引入三元虚拟值来研究发展中国家的风险概率，实验结果表明三元 Logit 模型具有较高的准确性。沈悦等（2008）[⑥] 的文章重点研究指标体系，旨在寻找效果明显的指标来预警系统性风险。荆中博等（2012）[⑦] 也采用指标研究的

---

① 刘遵义，“下一个墨西哥在东亚吗？”，《华盛顿：联合国世界经济秋季会议》，1995 年。

② Andrew Berg，Catherine Pattillo. Predicting Currency Crises：The Indicators Approach and An Alternative. Journal of international Money and Finance，1999，18（4）：561–586.

③ Markus Brunnermeier，Andrew Crocket，Charles Goodhart. The Fundamental Principles of Financial Regulation. Geneva Report on the World Economy，2009：12–13.

④ Abiad A D. Early Warning Systems；A Survey and a Regime–Switching Approach［J］. IMF Working Papers，2003，03（32）：993–1052.

⑤ Ciarlone A，Trebeschi G. Designing an early warning system for debt crises［J］. Emerging Markets Review，2005，6（4）：0–395.

⑥ 沈悦，亓莉，“中国商业银行系统性风险预警指标体系设计及监测分析”，《西南大学学报（社会科学版）》，2008 年第 34 期，第 139–143 页。

⑦ 荆中博，杨海珍，杨晓光，“基于货币市场压力指数的银行危机预警研究”，《金融研究》，2012 年第 5 期，第 45–55 页。

方法，他的研究创新点在于对货币市场压力指数做出改进，改进后的指数对银行危机的识别具有更高的精度和更稳定的表现。

7.1.2 KLR 模型介绍与优势

KLR 模型是一种信号分析的研究方法，该方法认为危机发生前会有经济指标做出领先反应，通过分析历史上的危机事件和指标数值，可以找出对危机反应明显的指标，将这样的指标筛选出来设定警报阈值，就可以通过观察超出阀值的指标预测危机发生概率，由此实现危机预警。在某个时期，指标突破安全阈值代表该指标发出一个危机信号，若未超过安全阈值则视为未发出信号。未来一段时间内爆发危机的概率可以采用危机信号频度来反映，信号发出越多，未来发生风险的概率就越大。

通过分析前文所述的预警模型，可以发现部分方法存在一些突出问题：

（1）FR 概率法建模简单，因变量是二元虚值，用 1 代表发生风险、用 0 代表未发生风险，不能细致体现风险的变动程度，计算出的系统性金融风险概率值精度有待加强。

（2）STV 模型使用年度横截面数据，不能明确反映各个指标在不同时期的变动情况，可操作性也略差。

（3）发展后的预警方法虽然有所进益，但部分模型具有明显的微观特点，仅仅分析一个单独的金融机构或金融市场，对宏观经济基本面欠缺考虑，模型中没有体现宏观经济波动的冲击和影响，这样的研究存在"就金融论金融风险"之嫌。

（4）很多国内的学者研究预警模型时过度依赖国外已有的方法，根据发达国家的历史经验研究中国系统性风险，忽视中国金融行业发展的实际情况，构建的模型对我国的指导性较弱。

KLR 模型是预警研究的经典模型之一，该模型具有明显的优点：

（1）准确程度高。KLR 模型选择指标的覆盖面非常广阔，分层次的选取方法可以使指标涵盖更多的维度，因此该模型在准确度、可操作性等方面比 FR 概率模型、STV 模型更有优势。

（2）应用范围广。KLR 模型最初用于研究货币危机，但现在已经得到更广泛的运用，例如用于研究期货危机（迟国泰，2006）、金融危机（史建平，2009）和股市风险（肖敬红，2013）等。银行业系统性风险和期货危机、金融危机等事件有共同的发展态势，使用信号分析法研究银行业系统性风险具有可行性。

（3）实用价值强。KLR 模型既可以通过综合预警指数预测风险发生与否，也可以明确反映各项指标在不同时期的变动情况。能够实时观察指标的异动，就代表着监管当局可以发现危机的源头，在风险积聚之初就加强重视、采取措施，这对我国监测系统性风险有着实用价值。

综合分析 KLR 信号法的优势与其他模型的局限性，本书选择建立 KLR 预警模型。

7.2 预警模型的指标选取

7.2.1 指标选取的研究

风险预警的指标选取有理论分析和计量分析这两大依据。理论分析从逻辑上进行思考，判断一项经济指标与另一项经济指标的关联。计量分析使用计量软件检测自变量与因变量的相关性，可以分析相关关系是否显著，也可以做格兰杰因果检验，这样的选取方法更加准确客观。本书结合使用两种方法，通过经济理论分析选取可能与危机相关的经济指标，在此基础上对指标做描述性统计和相关性分析。

KLR 模型创始人 Kaminsky 在选取指标时考虑了不同层次，他在金融变量层次选择了股价增长率、银行存款增长率等，在实体经济层次选择了 M2 增长率、进口、出口等，在外部变量层次选择了外汇储备、实际利率等，他的研究认为出口增长率、国际储备等指标贡献度较大。但不同国家的经济数据会使指标呈现出不同的有效性，我国国内学者选取指标的文献或许更有参考价值。

陈守东（2009）[①] 等人在研究中国金融风险预警时从四个层面考察了 23 项指标，发现实际利率、国外净资产 /GDP、储蓄存款 /M2 等指标的变动能够较好预测银行危机。冯科（2010）在做预警研究时加入失业率、证券化率等，使指标的选取方式更加丰富。陶玲和朱迎（2016）[②] 从金融机构、房地产、股票市场、债券市场等七个维度选取指标，发现房地产市场和金融机构是和危机最相关的领域，但该文章对于风险源头的监测表述较为笼统。冯超（2016）[③] 首次选用源于问卷调查的银行业景气指数，发现该指标对我国 2005—2015 年的系统性风险预测有不错效果。

---

① 陈守东，马辉，穆春舟，“金融风险预警 MS-VAR 模型与区制状态研究”，《吉林大学社会科学学报》，2009 年第 4 期，第 110–119 页。

② 陶玲，朱迎，“系统性金融风险的监测和度量——基于中国金融体系的研究”，《金融研究》，2016 年第 6 期，第 18–36 页。

③ 冯超，“宏观审慎管理视角下我国银行系统性风险监管研究”，湖南大学博士学位论文，2016 年。

众多学者在选取指标时都采用分层次方法，这正是 KLR 模型的优越之处。本书也将指标划分层次，用宏观指标反映国家经济整体风险、用微观指标反映银行个体风险、用市场结构反映银行业综合风险，以求更好地涵盖系统性风险的来源。

通过分析前人的文献可以发现 GDP 增长率和 CPI 增长率是预警研究中频繁使用的宏观指标，它们直观反映经济变动情况，预计具有较好的预警效果。外汇市场蕴含较多风险因素，选取指标应考虑汇率与利率。已有文献选取银行业景气指数并取得较好研究效果，说明反映公众对银行业行情变动主观态度的指标也值得考虑，但近 5 年来银行业景气指数波动较大，可以考察原理相似的银行家信心指数。微观指标可以参考《巴塞尔协议》的监管要求。

7.2.2 预选预警指标

参考预警研究的相关文献，关注风险因素较多的行业，结合我国当前经济形势，本书预选了三个层面的预警指标。

（1）宏观指标

整体上，银行业是全国经济体系的一环，受到宏观经济态势的影响明显，无论是从顺周期还是逆周期的发展角度来看，宏观环境恶化都会对商业银行产生致命冲击。实体经济的危机，通过利率波动、汇率不稳定、信用风险等传递到银行机构，直接影响银行业资产负债规模。实体经济的发展可以用国内生产总值的增速和物价变动来反映，市场情况可以用利率来反映。

2015 年央行对我国人民币外汇定价机制进行了改革，外汇波动性增强、人民币汇率贬值明显，外汇市场成为蕴含风险较高的行业，因此考察银行业风险预测应纳入汇率[①]指标。

银行业景气指数是基于问卷调查的主观指标，反映我国银行业在本期相对前期的变动。银行家信心指数在数据来源和经济原理方面均与银行业景气指数十分相似，可以将两者均纳入模型进行比较，选取预警效果更好的一项。

（2）微观指标

银行业系统由各家个体银行构成，个体经营风险大、脆弱性明显，整个行业自然也面临更大的风险，这体现个体银行风险与系统性金融风险的密不可分。我国引入《巴塞尔协议》后，选择流动性比例、资本充足率和拨备率等作为我国银行业监管工具。

资本质量也是衡量商业银行风险管理能力的重要标准，因此微观指标体系中加入不良贷款率，选取流动性比例、资本充足率、拨备率和不良贷款率共 4 项指标。

（3）市场指标

银行业是金融系统的心脏，二者的发展形势有很强的相关性。金融行业增加值指金融业的全部经营单位一定时期内新创造出来的价值之和，能够较好地反映银行业发展状况。

此外，宏观与微观方面的冲击是危机产生的原因，而银行业系统性风险最终酿成大危机，其中需要一定的扩散渠道，因此系统性风险不是各家银行个体的风险加总，还需要考虑银行之间的关联程度。市场结构[②]是一个较好反映行业间个体关联性的指标，因此纳入选取的指标体系中。

---

① 该指标采用人民币对美元的汇率。

② 市场结构（market structure）源于 BLISHER 监管框架。

综上，本书初步选取指标共 12 项，如表 7–1 所示：

表 7–1　我国银行业系统性风险预警指标

宏观指标	微观指标	市场指标
GDP 增长率 CPI 增长率 利率 汇率 银行业景气指数 银行家信心指数	流动性比例 资本充足率 拨备率 不良贷款率	金融行业增加值 市场结构

相比较与已有文献在预警指标方面的研究，本书指标选取具有如下特色。

（1）指标涵盖更加广泛的层次。部分学者研究风险预警时仅仅关注《巴塞尔协议》监管要求与微观指标，将眼光局限于一个单独的金融机构或金融市场，存在"就金融论金融风险"的局限性。指标选取时既跟踪资本充足率、不良贷款率等能够精准反映银行个体风险的微观指标，又注重考查宏观经济与高风险行业对银行的影响，GDP 增长率、利率、汇率等宏观指标能够考虑到宏观经济波动的冲击、注重金融风险在长期积累后形成的整体效应，这种选取指标的方法体现出宏观审慎监管的思想。总之，预选的指标源于宏观、微观、市场三个层面，具有更好的涵盖性。

（2）通过市场结构考察风险传导的关联性。过往学者对系统性风险的态度往往局限在银行个体，忽视了危机爆发之际金融机构之间的传导。事实上，在大范围经济危机发生时，金融机构之间"牵一发而动全身"，一家银行破产的溢出成本足以产生连锁效应，波及整个市场，此时的金融风险不是每家银行个体风险的简单相加。本书在模型中纳入市场结构指标，该指标用我国大型商业银行总资产在银行业总资产中所占的比重来表示，体现了本书对风险传导关联性的关注：关联性强的市场结构会加快个体风险蔓延至整体，形成“多米诺骨牌”效应，而关联性弱的市场结构中，银行个体的影响力较低，不会引发整体性危机或传导危机的速度有限。

（3）将“银行家信心指数”纳入指标。“银行家信心指数”是一项调查问卷的内容，该问卷由中国人民银行与国家统计局共同发布，调查对象为我国的银行家，调查范围覆盖中国境内近 3000 家银行，对地市级以上的机构进行全面调查，对农村金融机构、农信社等采用分层 PPS 抽样调查，做到了全面调查与抽样调查相结合，调查结果具有一定的科学性与权威性。已有学者在研究系统性风险预警时曾经考察问卷中另一项指标“银行业景气指数”，并取得较好研究效果，这给予本书选取预警指标以启示。“银行家信心指数”能够反映公众对银行业行情变动的主观态度，在描述性统计中异动性较低，能够成为风险预警的有效指标。

7.2.3 指标分析

运用 Stata 计量软件分析样本，表 7–2 为描述性统计结果。12 项指标的集中度都比较高，均值和中值相对接近，汇率、资本充足率等指标表现得尤其明显；除 CPI 增长率存在负数值以外，其余 10 项指标均为正数值；“银行业景气指数”、“银行家信心指数”、拨备覆盖率和 CPI 增长率的标准差较大，说明这些指标的波动性明显，其余 7 项指标表现标准差较小，波动性弱，变化比较稳定。分析偏度与峰度，发现样本内未出现突变数据。

表 7-2 指标描述性统计

	集中		离散				分布	
	均值	中值	极小值	极大值	标准差	方差	偏度	峰度
汇率	6.533	6.532	6.117	7.033	0.289	0.084	0.0067	-1.470
利率	4.064	4.085	1.470	5.957	1.189	1.414	-0.529	-0.419
GDP 增长率	7.841	7.250	6.000	12.200	1.558	2.428	1.303	0.953
CPI 增长率	2.307	2.167	-1.5333	6.267	1.535	2.356	0.167	1.539
银行业景气指数	73.932	72.750	60.500	87.200	8.137	66.213	0.011	-1.267
银行家信心指数	59.584	60.150	25.900	81.900	13.086	171.244	-0.462	-0.357
资本充足率	12.801	12.990	11.100	14.540	0.929	0.862	-0.219	-0.661
拨备覆盖率	213.534	191.035	123.90	295.510	49.701	2470.19	0.396	-1.095
流动性比例	47.039	46.365	41.100	57.310	4.551	20.707	0.821	-0.042
不良贷款率	1.433	1.540	0.900	2.040	0.368	0.135	-0.158	-1.657
金融业行业增加值	9.036	8.550	2.600	18.800	4.418	19.522	0.570	-0.520
市场结构	43.187	42.345	36.670	52.600	5.158	26.608	0.355	-1.277

出于确定阈值计算方法的需要，本书对各项指标进行相关性分析，判断与 BRI 之间存在正相关关系还是负相关关系，表 7-3 是使用 SPSS 计量软件做多元回归分析的结果：

表 7-3 多元回归实证结果

	非标准化系数		标准系数	t	Sig.
	B	标准误差			
（常量）	-0.001	0.367		-0.002	0.999
汇率	0.052	0.036	0.271	1.433	0.162
利率	0.003	0.009	0.063	0.347	0.731

续表

	非标准化系数		标准系数	t	Sig.
	B	标准误差			
GDP 增长率	0.019	0.009	0.537	2.084	0.045
CPI 增长率	0.002	0.005	0.063	0.455	0.652
银行业景气指数	0.009	0.003	1.303	2.981	0.006
银行家信心指数	–0.002	0.001	–0.507	–2.714	0.011
资本充足率	–0.045	0.019	–0.754	–2.408	0.022
拨备覆盖率	0.001	0.001	1.242	2.443	0.020
流动性比例	–0.004	0.003	–0.286	–1.033	0.310
不良贷款率	0.372	0.090	2.452	4.117	0.000
金融业增加值	0.001	0.002	0.044	0.322	0.750
市场结构	0.003	0.005	0.241	0.478	0.636
a. 因变量：银行业危机指数					

将回归结果与经济实际结合起来，分析如下：

（1）宏观指标：GDP 增长率过高是经济过热的表现，反映出经济体发展中的不正常，CPI 增长率反映的是物价变动情况，增速快预示着发生通货膨胀的隐患大，所以这两项是正相关指标符合认知。利率和汇率对危机指数的相关性难以预先判断，是因为这两个指标的增长或下降对经济影响各有利弊。通过计量软件的相关性检验发现这两个指标呈现的是正相关关系，可见利率、汇率越高，反映出商业银行发生系统性风险的危机越大。银行家信心指数反映了银行家的态度与信心，较高的信心指数代表着公众对银行业发展的态度更加积极乐观，显然是 BRI 的负相关变量。原理上银行业景气指数也反映乐观认知，但它在相关性分析中却与 BRI 呈现正相关，且这项数据在样本期波动较大，或可说明该指标的预警参考价值不大。

（2）微观指标：流动性比例与 BRI 呈现负相关关系是显而易见的，较高的流动性比例表示银行有更强的应对流动性风险的能力、经营环境更加安全，发生系统性风险的概率也低。拨备率即不良贷款覆盖率，是银行为呆、坏账计提准备金的比率，如果一家银行的拨备率比较高，说明该银行的经营状况出现问题，发生损失的可能性大，因此是正相关指标。资本充足率与系统性金融风险呈现负相关关系，说明商业银行资本充足是金融稳定的表现。不良贷款率衡量银行内不良贷款的占比，从安全性角度来说，该数值较高反映出银行资产的质量不好，风险性更大，显然是正相关指标。

（3）市场指标：市场结构反映了银行市场的集中程度，大型商业银行资金在银行行业的份额过大，导致经营业务的多元化程度低，各家银行机构风险应对方式同质化，发生系统性金融风险的隐患越大，因此市场结构是 BRI 的正相关指标。金融行业增加值和 GDP 增长率有相同的原理，与 BRI 呈正相关。综上，指标相关性总结如表 7–4 所示。其中正相关指标共 9 项，负相关指标共 3 项。

表 7–4　指标相关性

正相关指标	负相关指标
GDP 增长率、CPI 增长率、利率、汇率、银行业景气指数、拨备率、不良贷款率、金融行业增加值、市场结构	资本充足率、流动性比例、银行家信心指数

7.3　指标预警与风险预警指数

7.3.1　阶段划分

绘制的银行业危机指数走势图可以大体反映出我国历史上的风险数

值激增时段，然而若要明确判定哪些时期是高风险时期，仍需要一个明确的标准，这个标准就是高风险时期阈值。

KLR 模型在建立之初主要用于预测货币危机，这种危机往往伴随着货币贬值、国际储备金骤降等现象，因此可以用国际储备金额和汇率合成外汇市场压力指数，将货币危机以指数的形式量化出来。Kaminsky 根据国际储备金额与汇率二者方差相等来设置权重，构建了货币危机指数 I_t。

$$I_t=w_t\left(\frac{E_t-E_{t-1}}{E_{t-1}}\right)+(1-w_t)\left(\frac{R_t-R_{t-1}}{R_{t-1}}\right) \tag{7-1}$$

如果式（7–1）中（E_t-E_{t-1}）/（E_{t-1}）大于 0，反映货币贬值程度；如果（R_t-R_{t-1}）/（R_{t-1}）小于 0，则反映国际储备损失程度。

在判定货币危机时期时，Kaminsky 用货币危机指数的均值加上三倍标准差（$\mathrm{I}+3\delta_t$）来确定阈值，即 $I_t>\mathrm{I}+3\delta_t$ 表明本月发生货币危机，$I_t<I+3\delta_t$ 表明本月未发生货币危机。

本书沿用 KLR 模型的阈值确定方法，用测算的银行业危机指数（BRI）判断危机时期，并且根据我国经济形势、近年银行业危机波动远不及货币危机波动剧烈等实情，可以对阈值的设定做出调整，将银行危机阈值设置为银行业危机指数均值加一倍标准差。根据第五章表 5–3 可计算出我国 2009—2019 年共计 44 期银行业危机指数的均值为 0.01466，标准差为 0.05585，阈值为 0.07051，高于该数值的时期被判定为高风险时期。依据该标准，可以发现 2009 年第一季度、第二季度、第三季度与 2011 年第四季度的 BRI 超过阈值，被判定为本模型的高风险时期，如表 7–5 所示，其余 40 期为低风险时期。

表 7-5　银行业危机指数阈值及高风险时期

	阈值	高风险时期			
		2009 年一季度	2009 年二季度	2009 年三季度	2011 年四季度
BRI	0.07051	0.28362	0.15049	0.07652	0.12318

7.3.2　指标的信号与警报阈值

对于每一项预警指标，可以根据两种判断依据来划分信号。

第一种判断依据是指标在该期是否发出警报信号。单项指标也可以通过根据均值加一定倍数标准差的方式确定阈值，若某个指标的数值在该期超过阈值，则说明该指标发生明显异常，视为发出警报信号。

第二种判断依据是该期所在的信号期内是否发生危机。信号期是反映警报准确与否的时间跨度，因为先行指标具有领先性，所以具备预警能力的指标除了在高风险当期发出警报信号之外，更应该在高风险时期之前就发出警报信号，这个领先的时段就是信号期。最初的 KLM 模型将信号期设置为 24 个月，但根据银行业特点，由于银行交易活动频繁、信息披露较为及时，可以适当将信号期缩短，定为 12 个月，即 4 个季度。

将以上两种标准结合，可以将信号划分为四类。一项指标在该期发出警报，且包含该期在内的随后四期出现高风险时期，则该信号为 A 类；反之，指标在该期发出警报，但包含该期在内的随后四期均是低风险时期，没有发生风险，则该信号为 B 类；信号期内发生危机但该指标没有发出警报信号，该信号为 C 类；指标没有发出警报，并且包含该期在内的随后四期均是低风险时期，该信号为 D 类。四类预警信号如表 7-6 所示。

表 7-6　KLR 模型四类预警信号

有效	A	信号期内发生危机且该指标发信
	D	信号期内未发生危机且该指标不发信
无效	B	信号期内未发生危机但该指标发信
	C	信号期内发生危机但该指标不发信

可以看出，A 类和 D 类信号对风险的判断正确，而 B 类和 C 类信号判断错误，这两类信号被称为噪音。如果预警绝对有效，四类预警信号应满足表达正确的信号 A 和 D 大于 0，表达错误的噪音 B 和 C 等于 0，但在实际操作中这样的效果是难以完全实现的，确定阈值应采用噪音信号比率最小化原则。

汇总某项指标四类信号的数量，可计算出噪音信号比（NSR），公式为：

$$NSR=\frac{B/(B+D)}{A/(A+C)} \tag{7-2}$$

其中，$A/(A+C)$ 代表有效概率，$B/(B+D)$ 代表噪音概率。

NSR 反映出各项指标的预警能力强弱，*NSR* 越小说明该指标发出的有效信号越多、预警能力越强，因此每个指标的最佳阈值应在 *NSR* 最小时取得。确定各个指标的最佳阈值及最优 *NSR* 需要采用不断试算的方法，在确定警报阈值时先遵循银行业危机指数阈值的确定方法，将每项指标的警报阈值拟定为均值加一倍标准差，在试算中调整标准差前的系数，使阈值设置更加合理。

以利率为例详细说明确定阈值的方法：首先将利率的试算阈值设定为均值加一倍标准差，此时利率在 44 期共发出有效信号 36 项，*NSR* 值为 0.32051。但经过试算，当利率的阈值设定为均值加 1.3 倍标准差时，有效信号达到 39 项，*NSR* 取到更低值 0.12821。由此反复测算，0.12821 即是利率 *NSR* 的最低值，此时的 *NSR* 是最优噪音信号比，此时的利率值 5.6096% 是该指标的最佳阈值。

需要特别注意，确定阈值需要结合指标相关性，若是负相关指标，确定阈值应采用均值减去调整后的标准差，且当期指标小于阈值才判定为发出警报，大于阈值则判定为未发出警报，这一点和正相关指标的处理是相反的。12 项预选指标中有三项负相关指标，银行家信心指数阈值设置为均值减 1.46 倍标准差，资本充足率阈值设置为均值减 1 倍标准差，流动性比例阈值设置为均值减 1 倍标准差，警报时期为当期值低于阈值的季度。12 项预选指标阈值设置与警报时期如表 7–7 所示：

表 7–7 预选指标阈值设置与警报时期

指标名称	阈值设置	阈值数值	警报时期（季度）
GDP 增长率	均值 +0.5 × 标准差	8.6199%	2009–3 2009–4 2010–1 2010–2 2010–3 2010–4 2011–1 2011–2 2011–3 2011–4
CPI 增长率	均值 +1 × 标准差	3.8424%	2010–4 2011–1 2011–2 2011–3 2011–4 2019–4
利率	均值 +1.3 × 标准差	5.6096%	2011–3 2011–4 2013–4 2014–1
汇率	均值 +1 × 标准差	6.8227%	2009–1 2009–2 2009–3 2009–4 2010–1 2010–2 2016–4 2017–1 2017–2 2017–3 2017–4 2018–1 2018–2 2018–3 2018–4 2019–1 2019–2 2019–3 2019–4
银行业景气指数	均值 +1 × 标准差	69.8633	2015–2 2015–3 2015–4 2016–1 2016–2 2016–3 2016–4 2017–1 2017–2 2017–3 2017–4 2018–1 2018–2 2018–3 2018–4

续表

指标名称	阈值设置	阈值数值	警报时期（季度）
银行家信心指数	均值 -1.46× 标准差	40.4800	2009-1 2009-2 2015-4 2016-1
资本充足率	均值 -1× 标准差	11.8584%	2009-1 2009-2 2009-3 2009-4 2010-1 2010-2 2010-3 2010-4 2011-1
流动性比例	均值 -1× 标准差	42.8100%	2009-1 2009-3 2010-1 2010-2 2010-3 2010-4 2011-1 2011-2 2011-3
拨备率	均值 +1.1× 标准差	269.2584%	2011-3 2011-4 2012-1 2012-2 2012-3 2012-4 2013-1 2013-2 2013-3 2013-4 2014-1
不良贷款率	均值 +1.2× 标准差	1.8600%	2009-1 2018-2 2018-3 2019-3 2019-4
金融行业增加值	均值 +1.8× 标准差	17.0368%	2009-2 2009-3 2009-4 2015-2
市场结构	均值 +1.49× 标准差	50.9019	2009-1 2009-2 2009-3 2009-4

结合表 7-7 分析，发现以下两项预选指标无效：

（1）银行业景气指数。在反映银行业当季相对于上季的变化情况的两个主观指标中，银行业景气指数表现较差，发出信号的时期（2015 年二季度至 2018 年四季度）过于宽泛且与 BRI 指数明显不符，且该指标在描述性统计中呈现较大波动性。具有相同原理的银行家信心指数在 44 个时段内共发信 4 次，2009 年第一季度和 2009 年第二季度的两次发信与当时风险性情况符合，初步计算该指标的 NSR 值为 0.15789，较为理想，因此接下来的模型中弃用银行业景气指数指标，选择银行家信心指数。

（2）资本充足率。这一指标单纯逐年递增，它在 2011 年第三季度与之前时段均低于阈值，2011 年第四季度及之后均高于阈值，递增趋势几乎不随经济形式变化而波动，不具有预警效果，因此将该指标剔除。

银行业景气指数和资本充足率之外的 10 项指标均为有效指标，有效指标的四类信号个数、最佳阈值、最优 NSR 的结果如表 7–8 所示：

表 7–8　有效指标的信号、最佳阈值、最优 NSR

	A 类	B 类	C 类	D 类	最佳阈值	最优 NSR
GDP 增长率	5	5	2	32	8.6199%	0.18919
CPI 增长率	4	2	3	35	3.8424%	0.09459
利率	2	5	3	34	5.6096%	0.32051
汇率	3	10	4	27	6.8227%	0.63063
银行家信心指数	2	2	4	36	40.4800	0.15789
流动性比例	6	4	2	32	42.8100%	0.14815
拨备率	6	5	3	30	269.2584%	0.21429
不良贷款率	3	4	4	33	1.8600%	0.25225
金融行业增加值	2	2	5	35	17.0368%	0.18919
市场结构	3	1	1	39	50.9019	0.33333

根据表 7–8，可以得出两项结论：

（1）10 项指标均具备一定的预警能力。NSR 是否大于 1 体现指标的预警有效性，NSR 大于 1 的指标明显缺乏预警能力，应该剔除，而本书所列出的 10 项指标 NSR 均小于 1，说明最终选取的各个指标均具备一定的预警能力。

（2）NSR 的大小体现出指标预警能力的强弱，NSR 越小说明该指标发出的有效信号越多、预警能力越强。CPI 增长率的 NSR 最低，仅为 0.09459，说明该指标预警能力最高；GDP 增长率、银行家信心指数、流动性比例和金融行业增加值的 NSR 在 0.2 以下，预警能力也比较可观；

汇率的 NSR 高于 0.6，说明该指标预警效果较差。

7.3.3 合成风险预警指数

将有效指标按一定权重合成风险预警指数，可以通过数值综合体现未来的风险变动趋势。正如理论介绍中所述，一项指标的 NSR 值越小，说明该指标的预警能力越强，应在预警指数中赋予更大权重，即各指标权重与 NSR 数值呈反比例关系，可以使用取倒数的方法。系统性风险预警指数（PI）计算方法为式（7–3）：

$$PI_t=\sum_i \frac{S_{it}}{NSR_i} \Big/ \sum_i \frac{1}{NSR_i} \qquad (7\text{–}3)$$

公式中 S_{it} 表示第 i 个指标在 t 期是否发出警报，S_{it}=1 表示本期发出报警信号，S_{it}=0 表示本期未发出报警信号，根据该方法，44 期风险预警指数计算结果如表 7–9 所示。

表 7–9 系统性风险预警指数（PI）

时间	PI	时间	PI	时间	PI
2009 年第一季度	0.42783	2012 年第四季度	0.09229	2016 年第三季度	0.00000
2009 年第二季度	0.39888	2013 年第一季度	0.09229	2016 年第四季度	0.10975
2009 年第三季度	0.51165	2013 年第二季度	0.09229	2017 年第一季度	0.10975
2009 年第四季度	0.29976	2013 年第三季度	0.28749	2017 年第二季度	0.10975
2010 年第一季度	0.26939	2013 年第四季度	0.15400	2017 年第三季度	0.00000
2010 年第二季度	0.23803	2014 年第一季度	0.15400	2017 年第四季度	0.00000
2010 年第三季度	0.23803	2014 年第二季度	0.00000	2018 年第一季度	0.00000
2010 年第四季度	0.44711	2014 年第三季度	0.00000	2018 年第二季度	0.00000
2011 年第一季度	0.53940	2014 年第四季度	0.00000	2018 年第三季度	0.00000
2011 年第二季度	0.53940	2015 年第一季度	0.06171	2018 年第四季度	0.10975

续表

时间	PI	时间	PI	时间	PI
2011 年第三季度	0.60111	2015 年第二季度	0.10454	2019 年第一季度	0.00000
2011 年第四季度	0.46762	2015 年第三季度	0.00000	2019 年第二季度	0.10975
2012 年第一季度	0.15400	2015 年第四季度	0.12526	2019 年第三季度	0.10975
2012 年第二季度	0.09229	2016 年第一季度	0.12526	2019 年第四季度	0.29516
2012 年第三季度	0.09229	2016 年第二季度	0.00000		

绘制出的风险预警指数对应的走势图如图 7–1 所示：

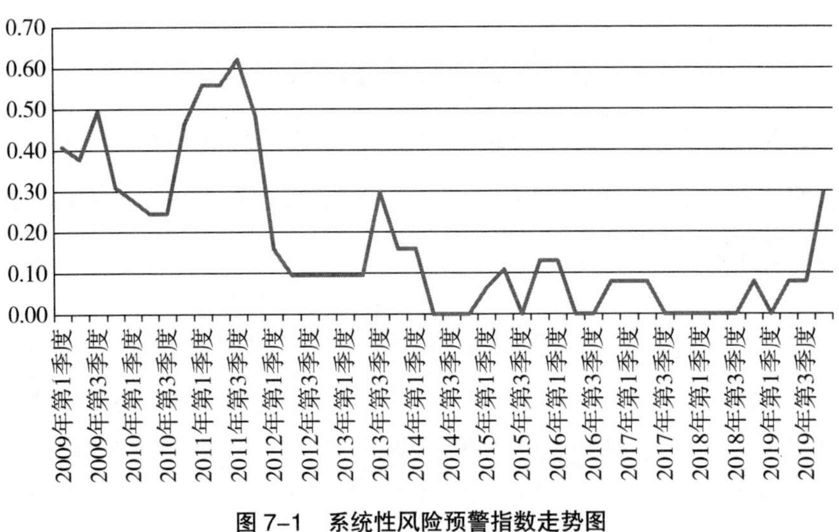

图 7–1 系统性风险预警指数走势图

预警指数 PI 的取值在 0 到 1 之间，越趋近于 0 表示未来发生系统性风险的概率越低，越趋近于 1 则表示的未来发生系统性风险的概率越高。结合我国预警指数在过去十一年内的表现，可将该数值分为四个区间：0 至 0.1 区间、0.1 至 0.5 区间、0.5 至 0.8 区间和 0.8 至 1.0 区间。①预警指数在 0 至 0.1 区间代表着该时段我国银行业运营良好、金融体系非常稳定，我国银行业在 2012 年第二季度至 2013 年第二季度、2014

年第二季度至年末、2017年第三季度至2018年第三季度都处于这样的发展时期。②预警指数在0.1至0.5区间说明系统性风险相关因素有所增强，该时段十项预警指标有二到四项发出警报信号，我国近十一年大部分时期均属于此类。③预警指数达到0.5可以说明系统性风险达到较高水平，我国2009年第三季度预警指数高于0.5，此时美国金融危机的影响仍在持续波及我国商业银行体系，银行业处于高风险阶段；2011年前三个季度的预警指数都在0.5以上，2011年第三季度更是高到0.60111，经济形势也如该指数所预测，在欧债危机与国内房地产市场的影响下，2011年四季度成为我国银行业又一风险高峰期。④我国在近十一年内没有出现指数高于0.8的情况，说明中国暂时未发生具有广泛影响力的系统性风险。综合出来，如表7–10所示。

表7–10 预警指数与预示风险程度

预警指数	预示风险程度	对应时段
0<PI<0.1	银行业运营良好、金融体系非常稳定	2012年第二季度至2013年第二季度 2014年第二季度至年末 2017年第三季度至2018年第三季度
0.1<PI<0.5	银行业系统性风险增强但整体水平较低	近十一年大部分时期
0.5<PI<0.8	银行业将处于明显的高风险时期	2009年第三季度 2011年前三季度
PI>0.8	银行业将发生严重且广泛的系统性风险	未出现

7.3.4 检验预警效果

考察本书构建的预警方法的有效性，可以将预警指数PI与银行业危机指数 BRI 的图像进行对比，二者同期对比的效果如图 7–2 所示。

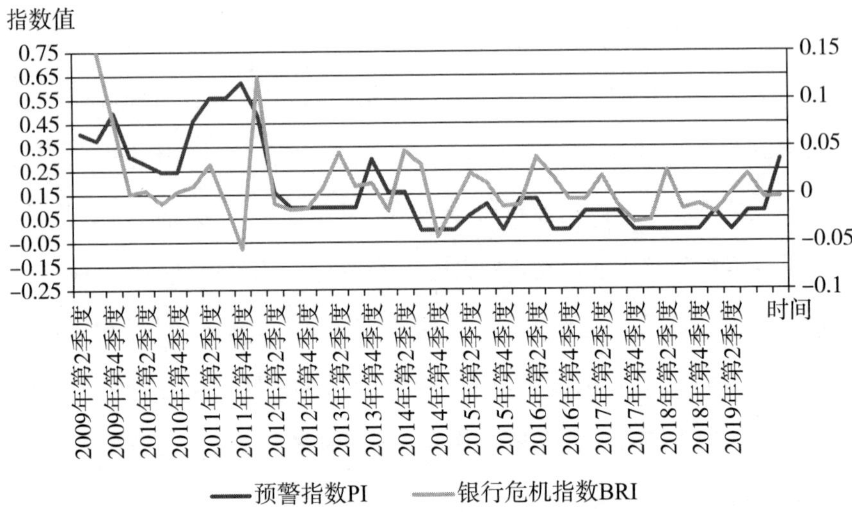

图 7–2　预警指数与银行业危机指数同期走势对比

两个指数的重合度较差，是因为预警指数对未来 4 个季度之内的银行风险均有预警之效，10 项预警指标具有先于危机做出变动的领先性，导致两个指数存在时间上的小幅错位。通过观察风险预警指数曲线和银行业危机指数曲线的变化与走势，可以寻找出预警指数领先于风险变动的时间差。

将银行业危机指数图像前推一个季度，如图 7–3 所示。

相比较于图 7–2，可以发现图 7–3 所示的图像存在更高的重合度，预警指数曲线与前推一季度的银行业危机指数曲线在走势上更加一致，这在 2010 年初至 2011 年末这一时段表现得尤其明显：预警指数在 2010 年第三季度呈现向上趋势，在 2011 年第三季度显著上升并达到峰值，和银行业危机指数在 2011 年四季度激增的表现相符，说明 2009 年前三季度与 2011 年第四季度两次高风险时段均被识别出来。另外，2014 年

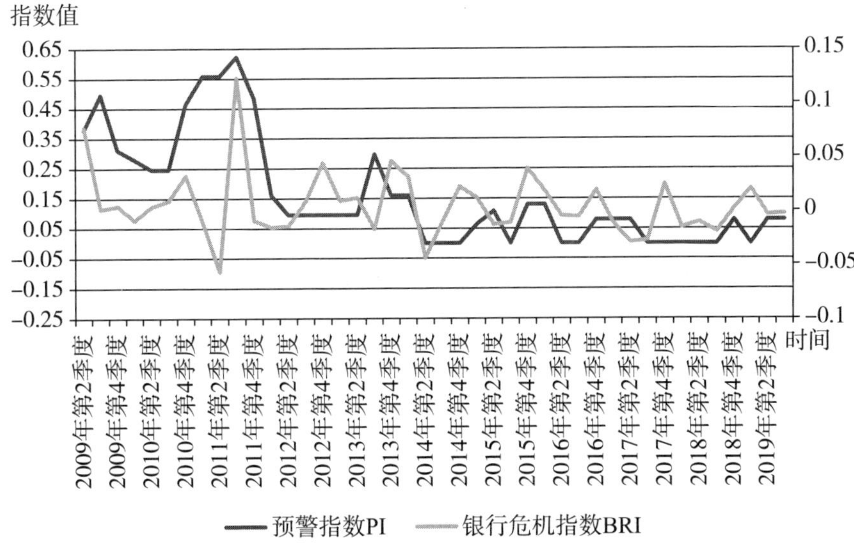

图 7–3　预警指数与（前推一季度的）银行业危机指数走势对比

至 2017 年之间虽然没有明显的风险异常值，但预警指数和银行业危机指数的变动趋势、变化幅度都表现得极为相似。

综上，得出关于预警指数的两项结论。

（1）本书构建的预警方法有效。预警指数走势图准确预测了银行业危机指数的变动情况，2009 年前三季度与 2011 年第四季度这两次风险程度显著提高的时段均被预警指数准确识别。

（2）本书所构建的风险预警指数对一个季度内的危机有最佳预警作用。预警指数能够在危机发生之前做出警示，相对银行业危机指数具有一个季度的领先，我国在运用该模型监测银行业系统性风险时可以利用领先期提前预测风险。若预警指数在本期大幅增长，预示着我国银行业未来 3 个月内发生系统性风险的可能性增大；预警指数增幅越大，下一季度发生系统性风险的可能性越大、风险程度越严重。

7.4 预警模型的应用

7.4.1 根据预警指数区间采取风险关注

预警指数PI的取值在0到1之间，该数值可以划分为0至0.1、0.1至0.5、0.5至0.8、0.8至1.0共计四个区间，对应着我国不同程度的风险关注。

（1）预警指数在0至0.1区间代表着该时段我国银行业运营良好、金融体系非常稳定，发生系统性风险的隐患很小，我国可以相应采取较低程度的风险关注。

（2）预警指数在0.1至0.5区间说明系统性风险相关因素有所增强。此时十项预警指标有2到4项发出警报信号，金融行业发展略有波动，但整体风险可查可控，值得关注但无须过度反应。

（3）预警指数达到0.5可以说明系统性风险达到较高水平，预示着我国将面临经济态势不稳定、金融风险较高等问题，必须引起足够的关注，及早发现风险源头，防止银行业系统性风险扩散至金融行业乃至全国经济体。

（4）预警指数高于0.8并趋近于1说明大部分指标都已经发出预警信号，此时系统性风险会明显表现在经济运行中，银行业普遍存在流动性困难，倒闭破产的现象频发，危害巨大的系统性风险已经酿成，需要尽快采取能够在一个季度内扼制风险的速效应对措施。

7.4.2 结合相关性运用监测指标

正相关指标与负相关指标的调控方向是不同的，运用监管指标应该遵循调整方向与相关性相反的原则增强逆周期性。以模型选取的10项指标为例，CPI增长率等8项指标和系统性风险发生概率呈正相关，流动性比例等2项指标呈负相关，两类指标需要遵循不同的引导方向。

对于正相关指标，我国需要稳定物价、遏制通货膨胀，降低CPI增长率；追求经济发展质量而非速度，适当放缓GDP增速，防止经济过热；完善银行信贷制度、引导商业银行提高信贷审批能力，杜绝经济利益导向下的无限制贷款，防止不良贷款率飙升；稳定银行存款利率，降低拨备率，监控银行业资本充足率的周期性；当前我国大型商业银行的资产在银行业总资产的占比虽比十一年前显著下降，但总体来看份额仍然较为集中，应该鼓励多种形式的商业银行共同发展，发挥股份制银行、城市商业银行、农村商业银行等金融机构的活力，增加大型商业银行以外的多种所有制银行的资产份额。

负相关指标的调控方向以“提高”为主，例如提高银行业整体的流动性比例。银行家信心指数这一指标在模型中有超过预期的表现，说明反映公众对银行业行情变动的主观态度的指标可以起到风险预警作用，我国应该进一步完善此类问卷调查，提升问卷设计的科学性，将调查范围扩大，增强调查对象在各层面的代表性，并提高对调查结果的重视。

7.4.3 基于模型的2020年公共卫生风险事件的回测

根据预警指数走势图分析，2016—2019年是我国银行业系统性风险程度较低的时段，最近一期可获的数据截止到2019年底，2019年第四季度预警指数为0.29516，在2020年银行等各项关键指标没有大幅变动的基础上，推断出我国银行业整体上处于较为安全的状态。

但需要注意的是，若将2019年底的预警指数和前一至三年相比，可以发现预警指数已出现明显提高，风险因素已经初步积聚。2020 年初我国暴发了严重的新冠疫情，较多经济指标出现异动。将十项预警指标在 2020 年第一季度的数值总结为表 5-11，可以发现 CPI 增长率高达 4.53%，汇率为 6.97%，不良贷款率提高至 1.91%，此三项指标超出阈值，发出风险警报，拉高预警指数至 0.31883。

表 7-11　2020 年第一季度指标数值、警报情况及预警指数①

	当期数值	阈值	是否警报	预警指数
GDP 增长率	-6.80%	8.6199%		0.31883
CPI 增长率	4.53%	3.8424%	√	
利率	3.47%	5.6096%		
汇率	6.97%	6.8227%	√	
银行家信心指数	70.10%	40.4800		
流动性比例	58.57%	42.8100%		
拨备率	183.20%	269.2584%		
不良贷款率	1.91%	1.8600%	√	
金融行业增加值	6.00%	17.0368%		
市场结构	40.00%	50.9019		

分析预警指数明显提升的原因，认为疫情期间医疗、食品、生活物资等价格上涨促使 CPI 增长明显，作为预警影响力最强的指标，较高的 CPI 增长率会拉高预警指数，这预示着程度较强的银行业危机。另外受疫情影响，各行业春节假被迫延长、企业停工，2020 年上半年旅游、餐饮、白酒等消费行业都将遭受客流量锐减的重创，部分中小企业无法维持现金流而面临倒闭，增加商业银行的不良贷款率，因此根据模型预

① 数据来源：中国银保监会网站、中经网统计数据库－全国宏观月度库。

测，2020 年第二季度乃至疫情放开前的 2023 年第一季度时间内我国银行业承压，系统性风险水平将处于较高水平，达到近几年来的小高峰，事实也证实了这一点。

但公共卫生等随机事件只是危机的导火线而不是根源，当前风险的引致因素也并非仅来源于金融系统本身，在十项预警指标中，GDP 增长率、利率、银行家信心指数、流动性比例、拨备率、金融行业增加值、市场结构并未超过阈值，说明大多数指标仍然平稳，未发出警报。预警指数为 0.31883，属于第二层级的风险关注区间，说明系统性风险相关因素有所增强但影响力有限。从现实比较角度来看，我国银行业在新冠疫情的严重冲击下，以遭受疫情冲击最明显的 2020 年上半年为例，2020 年上半年虽然出现了民众的悲观情绪和恐慌心理，但确实没有突破危机防线，未发生系统性金融风险，这既可以理解为巨大的不确定性事件对我国金融系统性风险进行了一次压力测试，也从侧面体现了中国经济的强大韧性。

7.5　建立和完善系统性风险预警体系的政策建议

建立监测预警体系是防范系统性风险发生的必要前提。系统性风险预警系统可以为风险识别、风险分析、风险监控等提供强有力的手段，在整个风险管理体系中具有极其重要的地位。基于预警结果进行风险预测，提前发现风险，能够减少损失。因此，完善监管框架，构建系统性金融风险监测、评估和预警机制，从而保持金融市场平稳运行，是推进金融监管实践具体落地的重要前置条件。为健全系统性风险预警体系，可以从以下方面进行优化。

第一，建立和完善全覆盖的系统性金融风险监测预警体系，需要重点加强对加杠杆行为、债务及金融周期的监测，有针对性地创设政策工具。同时，根据经济周期变化及超预期冲击等因素，及时调整和完善监测和预警体系。

第二，强化货币政策与宏观审慎政策“双支柱”调控框架的配合。应推动形成科学有效的宏观审慎政策传导机制，提高宏观审慎政策执行的效率和有效性；做好重点领域的宏观审慎管理，逐步将主要的、重要的、有系统性影响的金融活动、金融机构、金融市场和金融基础设施纳入宏观审慎管理。

第三，大力发展监管科技。金融监管需要与时俱进，尤其是监管科技需要从金融科技中汲取有益成分，推进监管科技与和金融科技齐头并进，降低系统性风险。应建设一个运转高效的监管大数据平台，综合运用统计分析、数据挖掘、电子预警等技术，对历史数据进行系统性分析和全方位监控，辅助监管人员对系统性风险进行及时预警，通过科技赋能监管实现智慧治理。

第8章

中国银行业系统性金融风险的监管策略

宏观审慎监管是防范系统性金融风险的新框架和有效治理手段，鉴于防范金融系统性风险的极端重要性以及我国的系统性金融风险仍存在不容忽视的问题，结合 2008 年国际金融危机后的金融监管的国际经验，中国的宏观审慎监管方向的监管改革仍要继续大力推进，改革的方向可以从以下几个方面入手。

8.1 银行业系统性金融风险的监管方向

8.1.1 统筹推进系统性金融风险防范法律法规和规则体系建设

通过立法形式确立中央银行及其主导的宏观审慎监管体制在防范系统性金融风险方面的主体地位，在金融监管体制法律改革中引入宏观审慎监管。根据需要制定相应金融机构破产清算的法律条款，为银行等金融机构有序破产清算和市场退出提供法律保障。同时，应完善宏观审慎管理体系，建立起目标、评估、工具、传导机制与治理架构等全流程的监管体系，并加强对系统重要性金融机构、金融控股公司与金融基础设施统筹监管，逐步将主要金融活动、金融市场、金融机构和金融基础设施纳入宏观审慎管理。

在宏观审慎监管政策工具选择上，在时间维度上，应重点推进逆周期资本监管，通过对资本水平、杠杆率等提出动态的逆周期要求，以实现“以丰补歉”，平滑金融体系的顺周期波动；在横截面维度上，通过识别和提高系统重要性金融机构（SIFI）的流动性和资本要求、适当限制机构规模和业务范围、降低杠杆率和风险敞口等，防范风险在不同机构和市场之间的传染。

对于可能引致系统性金融风险的特定市场，也可以尝试或创新一些逆周期调节的宏观审慎工具。例如，针对我国房地产领域，可引入贷款价值比（LTV）的监管工具；针对我国的股市和债市，可引入杠杆率和折扣率规则等；针对金融开放的监管，可实施资本项目下宏观审慎监管等。

8.1.2 建立和完善银行业监管的基础设施

结合我国的金融机构和银行业主导的现状及宏观审慎监管的需要，建议在以下几个方面来建立和完善中国的宏观审慎监管的基础设施。

（1）从宏观审慎的视角合理设计强制性信息披露的内容和信息披露机制，对于"大资管"背景下理财产品和信贷资产证券化产品等信息披露需要强化，这也是巴塞尔协议Ⅲ第三支柱要求强化的内容。

（2）建立和完善全面、统一和共享的包括多个金融业态在内的金融综合统计体系，拓宽金融统计数据的深度广度及获取渠道，包括将重要的支付系统、清算机构、金融资产登记托管机构等也纳入到基础设施监管体系中来，维护金融基础设施稳健高效运行，并强化金融统计监测分析，应用大数据、人工智能等技术手段，打造符合金融科技发展方向的金融统计平台和金融基础数据库。健全风险监测预警和早期干预机制，加强金融基础设施的统筹监管和互联互通。

（3）加强多部门的信息沟通交流。中国人民银行和中国银保监会等监管层应在宏观审慎监管的框架下，加强分工合作，及时掌握和动态评估金融体系的运行态势，为监管决策提供有效依据。监管层也应完善相关的信息发布和沟通机制，合理引导公众预期并稳定市场信心。除了建立宏观审慎监管部门间的联动机制外，还需要宏观审慎监管与货币政策、与微观审慎监管间实现更好的配合。前者的配合能够更好地将币值稳定和金融稳定结合起来。2017 年，我国正式建立了货币政策与宏观审慎监管的双支柱调控框架，二者相互补充和强化，共同为经济发展和金融稳定服务。

（4）逐步推进信贷资产证券化产品及其他金融衍生产品的合约标准化、交易集中化和清算集中化，这既有利于增加资产证券化产品的透明度，也有利于降低交易对手信用风险和实现多种市场对冲。

8.1.3 强化系统性金融风险的预警和动态监测体系

在宏观审慎管理框架下，应重点关注系统性金融风险预警和事前监测。监管层应鼓励金融机构提升预警模型的建模能力，择取预警准确度高、反应灵敏的指标监测系统性风险，达到更加科学的预警效果，真正做到防患于未然。

虽然不同阶段不同国家的危机表现出来的风险特征及传染方式存在一定差异，但或多或少受到本国或本阶段的影响冲击，可是预警和动态监测体系的诸如数据、机理、工具方法等关键要素大致相同，因此，应充分应用风险预警，增强其综合使用能力，有效把握风险的触发机制等。

同时，应加强商业银行的事前差别监管。建议监管当局引导商业银行提升自身资本质量，要求商业银行关注本行拨备覆盖率、流动性比例、不良贷款率等指标，对于有研究实力的商业银行，鼓励其研发符合本行经营情况的风险预警模型。

8.1.4 提升风险处置能力

存款保险制度有利于在银行出现危机的情况下保护存款人权益，增强存款人等市场参与者信心，避免发生挤兑和危机传染从而造成社会不稳定。存款保险制度是防范系统性金融风险的有效制度安排，其存在前提是银行等金融机构能够破产清算。建议在完善现有存款保险制度的基础上，建立和完善金融机构的“生前遗嘱”（Living Will）制度，为金融机构的破产等行业退出和系统性风险的处置创造条件。

设立“生前遗嘱”的目的是银行等金融机构在出现危机时能够通过多种方式自行解决问题，避免金融机构的“道德风险”，也避免监管层陷入“被迫进行没有成本底线的危机救助”的困境，防止系统性风险的产生。

当其他救助手段已无法发挥作用，监管机构可以启动“生前遗嘱”，借鉴美国国际金融危机危机处置时采用的“问题资产救助计划”，购买和剥离相应金融机构的问题资产，对其进行相应的救助，待机会成熟时通过资产出售的方式退出。

8.2 中国系统性金融风险的监管改革

中国系统性金融风险的监管改革应注意以下经验事实和原则。

8.2.1 应避免改革的“单一标准”

我国正在大力推进金融监管体系改革，将形成强大的监管合力。改革过程中，要注意共性与个性的差异。例如，国际上公布的一系列标准和准则，主要是基于发达国家的系统性风险防控提出来的，这些标准不一定完全适用于中国经济金融发展中的特殊性，因此不能生搬硬套，应考虑国情的差异。在对金融机构进行微观审慎监管时，也不能采取一刀切的标准，否则将导致系统性风险承受能力的下降。此外，宏观审慎监管的力度也不是一成不变的，要根据宏观经济周期采取不同的政策工具，进行动态调整，而不是僵化执行。

8.2.2　应把握金融改革的渐进式节奏

我国经济体制改革取得成功的重要经验在于渐进式改革，避免了改革可能导致的震荡。目前正在推进的金融监管改革是基于“问题导向”进行的精准化优化调整，也将是一个渐进的过程。中央和地方金融监管机构的改革将分别于 2023 年、2024 年完成，但改革过程及其效果不会是一蹴而就的。这一过程需要渐进式推进，注重综合性效果。正如周小川在 2005 年“中国金融论坛”讲话中提到的，“应该把金融机构自身的改革、金融生态环境的改进、金融监管的加强和宏观经济条件的改善这四个方面统筹兼顾、综合推进”，才能“促进我国金融业更加健康有序的发展”，而这一过程需要以“久久为功”的定力持续推进。

8.2.3　应关注不同金融机构间的关联性

系统性金融风险的监管应关注不同机构业务的同质化程度和多样化业务间的紧密程度。如果金融机构业务过于相似，导致同质化程度过高，加上业务紧密度过高，会造成金融系统的脆弱及不稳定。因此，监管层应激励多样化的金融体系，并降低机构间资产配置的相关性，避免由于同质化及多样化业务间的紧密度导致的系统性金融风险。这与 2023 年

10月30日—31日中央金融工作会议提到的“防范风险跨区域、跨市场、跨境传递共振”具有内在统一性。

8.2.4 应注重金融科技等手段在监管中的应用

应依托多元交叉的大数据和金融科技等技术手段的应用，建立新的系统性金融风险“画像”和关键风险识别指标体系。除了传统的金融监管手段外，也要更多依靠市场化手段进行风险管理。对于科技驱动的金融新业态来说，更要充分依靠人工智能、大数据等科技手段，建立更加精准的系统性风险的识别和监测、治理体系，建立起一套既能保护创新和竞争、提升金融效率，又能有效管控系统性金融风险的治理框架。

8.2.5 应注重支付系统的系统性金融风险

在线支付系统基于其复杂网络的相互交叉关联性，通过海量信息和平台经济的规模经济特征，获得了平台垄断，相应金融机构利用其支配地位，容易引发新形式的系统性金融风险。一方面，支付系统是金融机构间、国家货币体系控制手段的必经结点，全面及实时的交易数据，是金融调控和风险管理的重要信息资源；另一方面，如何防止垄断型的支付平台可能出现的网络崩溃风险，或者利用支配地位损害金融消费者利益、侵犯消费者隐私等，是一个亟待政府考虑的重要问题。

参考文献

［1］巴曙松，高江健 . 基于指标法评估中国系统重要性银行［J］. 财经问题研究，2012（9）：48–56.

［2］白鹤祥，刘社芳，罗小伟等 . 基于房地产市场的我国系统性金融风险测度与预警研究［J］. 金融研究，2020（8）：54–73.

［3］白雪梅，石大龙 . 中国金融体系的系统性风险度量［J］. 国际金融研究，2014（6）：75–85.

［4］包全永 . 银行系统性风险的传染模型研究［J］. 金融研究，2005（8）：72–84.

［5］卜林 . 中国金融系统性风险试题及宏观审慎监管研究［M］. 经济科学出版社，2016.

［6］岑磊，谷慎 . 宏观审慎政策效应及其与货币政策的配合［J］. 财政研究，2016（4）：28–40.

［7］陈国进，蒋晓宇，赵向琴 . 货币政策、宏观审慎监管与银行系统性风险承担［J］. 系统工程理论与实践，2020（6）：1419–1438.

［8］陈建青，王擎，许韶辉 . 金融行业间的系统性金融风险溢出效应研究［J］. 数量经济技术经济研究，2015（9）：89–100.

［9］陈雨露，马勇 . 构建中国的“金融失衡指数”：方法及在宏观审

慎中的应用［J］. 中国人民大学学报，2013（1）：59–71.

［10］陈志毅 . 金融宏观审慎监管：趋势、挑战与中国适用前瞻［J］. 上海金融，2011（12）：76–82.

［11］邓可斌，关子桓，陈彬 . 宏观经济政策与股市系统性风险：宏微观混合 β 估测方法的提出与检验［J］. 经济研究，2019（1）：68–83.

［12］翟永会，边巧妹 . 银行借贷与系统性风险防控——基于复杂网络模型的研究［J］. 武汉金融，2019（11）：12–22.

［13］董小红，刘向强 . 经济政策不确定性会影响股票流动性吗？——基于中国上市公司的经验证据［J］. 商业经济与管理，2020（08）：57–69.

［14］范小云，段月姣和杨昊晰 . 人口结构与系统性风险测度及监管——以利率为纽带的视角［J］. 经济研究，2018（8）：52–67.

［15］范小云，方意，王道平 . 我国银行系统性风险的动态特征及系统重要性银行甄别——基于 CCA 与 DAG 相结合的分析［J］. 金融研究，2013（11）：82–95.

［16］范小云，王道平，刘澜飚 . 规模、关联性与中国系统重要性银行的衡量［J］. 金融研究，2012（11）：16–30.

［17］范小云，王道平和方意 . 我国金融机构的系统性风险贡献测度与监管——基于边际风险贡献与杠杆率的研究［J］. 南开经济研究，2011（4）：3–20.

［18］范云朋 . 我国系统性金融风险监测与度量研究——基于 ESRB–CISS 研究方法［J］. 经济问题探索，2020（11）：157–171.

［19］方意，赵胜民和王道平 . 我国金融机构系统性风险测度——基于 DGC–GARCH 模型的研究［J］. 金融监管研究，2012（11）：26–

42.

［20］方意．系统性风险的传染渠道与度量研究——兼论宏观审慎政策实施［J］．管理世界，2016（8）：32–57.

［21］伏润民，缪小林，高跃光．地方政府债务风险对金融系统的空间外溢效应［J］．财贸经济，2017（9）：31–47.

［22］傅强，陈园园，刘军等．基于面板数据和动态 Logit 方法的金融危机预警模型［J］．中央财经大学学报，2015（1）：33–40.

［23］干春晖，郑若谷和余典范．中国产业结构变迁对经济增长和波动的影响［J］．经济研究，2011（5）：4–16.

［24］高国华，潘英丽．银行系统性风险度量——基于动态 CoVaR 方法的分析［J］．上海交通大学学报，2011（12）：1753–1759.

［25］高国华．逆周期资本监管框架下的宏观系统性风险度量与风险识别研究［J］．国际金融研究，2013（3）：30–40.

［26］葛志强，姜全，闫兆虎．我国系统性金融风险的成因、实证及宏观审慎对策研究［J］．金融发展研究，2011（4）：57–60.

［27］宫晓琳．未定权益分析方法与中国宏观金融风险的测度分析［J］．经济研究，2012（3）：76–87.

［28］宫晓琳．宏观金融风险联动综合传染机制［J］．金融研究，2012（5）：56–69.

［29］龚明华，宋彤．关于系统性风险识别方法的研究［J］．国际金融研究，2010（5）：92–98.

［30］苟琴，黄益平．我国信贷配给决定因素分析——来自企业层面的证据［J］．金融研究，2014（8）：1–17.

［31］苟文均，袁鹰，漆鑫．债务杠杆与系统性风险传染机制——

基于 CCA 模型的分析 [J] . 金融研究，2016（3）：74–91.

[32] 顾云，张栋浩等 . 系统性风险度量 CoES 的建模和检验 [J] . 统计研究，2022（1）：132–145.

[33] 郭红兵，杜金岷 . 中国金融稳定状况指数的构建 [J] . 数量经济技术经济研究，2014（5）：100–116.

[34] 郭敏，宋寒凝 . 地方政府债务构成规模及风险测算研究 [J] . 经济与管理评论，2020（1）：73–86.

[35] 国务院发展研究中心《进一步化解产能过剩的政策研究》课题组 . 当前我国产能过剩的特征、风险及对策研究——基于实地调研及微观数据的分析 [J] . 管理世界，2015（4）：1–10.

[36] 韩永辉，黄亮雄，王贤彬 . 产业政策推动地方产业结构升级了吗？——基于发展型地方政府的理论解释与实证检验 [J] . 经济研究，2017（8）：33–48.

[37] 何青，钱宗鑫，刘伟 . 中国系统性金融风险的度量——基于实体经济的视角 [J] . 金融研究，2018（4）：57–74.

[38] 何卓静，周利国，闫丽新 . 商业银行系统性风险溢出效应研究：条件风险价值估计与系统性风险贡献度测量 [J] . 中央财经大学学报，2018（12）：37–51.

[39] 贺晓宇，车翼 . 如何有效识别我国金融机构的系统重要性——基于极端条件下的风险贡献度测度方法 [J] . 上海金融，2020（4）：71–79.

[40] 黄秀秀，曹前进 . 贷款集中度对银行风险承担行为的影响——来自中国上市银行的经验证据 [J] . 金融论坛，2014（11）：9–14.

[41] 荆中博，杨海珍，杨晓光 . 基于货币市场压力指数的银行危

机预警研究［J］. 金融研究，2012（05）：45–55.

［42］柯孔林 . 货币政策对商业银行系统性风险的影响——来自中国上市银行的经验证据［J］. 浙江社会科学，2018（11）：31–40.

［43］黎文靖，李耀淘 . 产业政策激励了公司投资吗？［J］. 中国工业经济，2014（5）：122–134.

［44］李丛文，闫世军 . 我国影子银行对商业银行的风险溢出效应——基于 GARCH- 时变 Copula–CoVaR 模型的分析［J］. 国际金融研究，2015（10）：64–75.

［45］李广子，李藐 . 美欧对系统重要性银行的监管与启示［J］. 银行家，2019（2）：106–108.

［46］李洋，佟孟华，褚翠翠 . 经济政策不确定性与系统性金融风险传染——基于中国上市金融机构微观数据的经验证据［J］. 金融经济学研究，2021，36（04）：31–47.

［47］李正辉，郑玉航 . 金融状况指数的动态特征及其有效性研究［J］. 财经理论与实践，2015（04）：42–47.

［48］李政，刘淇，梁琪 . 基于经济金融关联网络的我国系统性风险防范研究［J］. 统计研究，2019（1）：15–23.

［49］李志辉，李源，李政 . 中国银行业系统性风险监测研究［J］. 金融研究，2016（3）：92–106.

［50］梁琪，李政和郝项超 . 我国系统重要性金融机构的识别与监管——基于系统性风险指数 SRISK 方法的分析［J］. 金融研究，2013（9）：56–70.

［51］梁斯，郭红玉 . 货币政策、商业银行杠杆与系统性金融风险［J］. 学术论坛，2017（4）：92–99.

［52］刘春航，朱元倩．银行业系统性风险度量框架的研究［J］．金融研究，2011（12）：85–99.

［53］刘磊，张晓晶．中国宏观金融网络与风险：基于国家资产负债表数据的分析［J］．世界经济，2020，43（12）：27–49.

［54］刘晓东，欧阳红兵．中国金融机构的系统性风险贡献度研究［J］．经济学，2019（4）：1239–1266.

［55］刘志洋．中国宏观审慎监管有效性检验——基于商业银行系统性风险贡献度视角［J］．金融论坛，2018（4）：37–45.

［56］刘志洋．基于 VaR 模型的商业银行体系系统性风险研究［J］．当代金融研究，2019（03）：55–66.

［57］刘志远，王存峰，彭涛，郭瑾．政策不确定性与企业风险承担：机遇预期效应还是损失规避效应［J］．南开管理评论，2017，20（06）：15–27.

［58］罗党论，佘国满．地方官员变更与地方债发行［J］．经济研究，2015（6）：131–146.

［59］马君潞，范小云，曹元涛．中国银行间市场双边传染的风险估测及其系统性特征分析［J］．经济研究，2007（1）：68–78.

［60］马树才，华夏，韩云虹．地方政府债务影响金融风险的传导机制——基于房地产市场和商业银行视角的研究［J］．金融论坛，2020（4）：70–80.

［61］马勇，陈雨露．金融杠杆、杠杆波动与经济增长［J］．经济研究，2017（6）：31–45.

［62］毛昊翔，方意，左传长．系统性风险预警与逆周期宏观审慎监管［J］．宏观经济研究，2019（2）：18–32.

［63］毛锐，刘楠楠，刘蓉 . 地方政府债务扩张与系统性金融风险的触发机制［J］. 中国工业经济，2018（4）：19–38.

［64］苗子清，张涛，党印 . 中国银行体系系统性金融风险传染研究——基于 24 家 A 股银行的大数据与机器学习分析［J］. 金融评论，2021（5）：58–74.

［65］牛霖琳，洪智武，陈国进 . 地方政府债务隐忧及其风险传导——基于国债收益率与城投债利差的分析［J］. 经济研究，2016（11）：83–95.

［66］彭建刚 . 基于系统性金融风险防范的银行业监管制度改革的战略思考［J］. 财经理论与实践，2011（1）：4–8.

［67］屈剑峰 . 基于综合指数法的金融系统性风险测度［J］. 会计之友，2020（2）：105–110.

［68］史仕新 . 商业银行中间业务的系统性风险溢出效应［J］. 财经科学，2019（3）：16–27.

［69］史亚荣，赵爱清 . 地方政府债务对区域金融发展的影响——基于面板分位数的研究［J］. 中南财经政法大学学报，2020（1）：105–113+126.

［70］宋美喆，胡丕吉 . 我国城市商业银行系统性风险溢出效应的测度研究——基于 CoVaR 模型的分位数估计［J］. 武汉金融，2016（2）：38–42.

［71］隋聪，刘青，宗计川 . 不良资产引发系统性风险的计算实验分析与政策模拟［J］. 世界经济，2019（1）：95–120.

［72］佟孟华，邢秉昆，于洪涛 . 中国银行间风险核心传递中介与系统性风险［J］. 金融论坛，2019（7）：20–31.

[73] 童牧，何奕 . 复杂金融网络中的系统性风险与流动性救助——基于中国大额支付系统的研究 [J] . 金融研究，2012 (9): 24–37.

[74] 童中文，范从来，朱辰，张炜 . 金融审慎监管与货币政策的协同效应——考虑金融系统性风险防范 [J] . 金融研究，2017 (3): 16–32.

[75] 王道平，刘杨婧卓等 . 金融科技、宏观审慎监管与我国银行系统性风险 [J] . 财贸经济，2022 (4): 71–84.

[76] 王锦阳，刘锡良 . 中国银行业系统性金融风险研究 [M] . 中国金融出版社，2020 年 .

[77] 王璐，童中文 . 风险相关性与银行系统性风险测度 [J] . 金融论坛，2014，19 (11): 15–21.

[78] 王擎，刘军，金致雯 . 区域性金融风险与区域经济增长的相关性分析 [J] . 改革，2018 (5): 66–75.

[79] 王擎，田娇 . 银行资本监管与系统性风险传递：基于 DSGE 模型的分析 [J] . 中国社会科学，2016 (3): 99–122.

[80] 王升，徐以军，李亚，郜如明 . 交叉性金融业务对我国商业银行系统性风险的影响研究 [J] . 金融发展研究，2019 (3): 53–58.

[81] 王书斌，王雅俊 . 银行系统性风险传染机制的研究与实证——基于资产价格波动视角 [J] . 金融与经济，2010 (7): 6–9.

[82] 王薇，张勇，王运玺 . 基于动态 CoVaR 方法的银行系统性风险测度与金融监管问题研究 [J] . 金融理论与实践，2018 (12): 47–54.

[83] 王维国，王际皓 . 货币、银行与资产市场风险状况的识别——基于金融压力指数与 MSIH–VAR 模型的实证研究 [J] . 国际金融研究，2016 (8): 71–81.

［84］魏金明．系统性金融风险的测度及影响因素研究［J］．商业研究，2016（2）：73–80.

［85］吴成颂，陆雨晴，王超．汇率波动加剧了商业银行系统性风险吗？——基于央行外汇干预的调节效应分析［J］．投资研究，2019（2）：102–117.

［86］吴成颂，王琪．利率市场化，资产价格波动与银行业系统性风险［J］．投资研究，2019（3）：4–17.

［87］吴盼文，曹协和，肖毅等．我国政府性债务扩张对金融稳定的影响——基于隐性债务视角［J］．金融研究，2013（12）：57–59.

［88］谢平，邹传伟．金融危机后有关金融监管改革的理论综述［J］．金融研究，2010（2）：1–17.

［89］熊琛，金昊．地方政府债务风险与金融部门风险的“双螺旋”结构——基于非线性 DSGE 模型的分析［J］．中国工业经济，2018（12）：23–41.

［90］熊启跃，易晓溦．全球系统重要性银行的演变及其启示［J］．金融论坛，2018（10）：68–80.

［91］徐国祥，郑雯．中国金融状况指数的构建及预测能力研究［J］．统计研究，2013（8）：17–24.

［92］徐欣．系统性风险传染的波动性研究——基于金融网络动态关联的视角［J］．南方经济，2018（12）：40–56.

［93］徐苑清，童中文．商业银行系统性风险价值及溢出的测度［J］．统计与决策，2015（6）：159–162.

［94］许涤龙，陈双莲．基于金融压力指数的系统性金融风险测度研究［J］．经济学动态，2015（4）：69–78.

[95] 许涤龙，陈双莲 . 基于金融压力指数的系统性金融风险测度研究 [J] . 经济学动态，2015 (4): 69–78.

[96] 许文彬，赵霖，李志文 . 金融监管与金融创新的共同演化分析——一个基于非线性动力学的金融监管分析框架 [J] . 经济研究，2019 (5): 81–97.

[97] 杨艳，刘慧婷 . 从地方政府融资平台看财政风险向金融风险的转化 [J] . 经济学家，2013 (04): 82–87.

[98] 杨子晖，陈雨恬，陈里璇 . 极端金融风险的有效测度与非线性传染 [J] . 经济研究，2019，54 (05): 63–80.

[99] 杨子晖，周颖刚 . 全球系统性金融风险溢出与外部冲击 [J] . 中国社会科学，2018 (12): 70–91.

[100] 杨子晖，陈里璇，陈雨恬 . 经济政策不确定性与系统性金融风险的跨市场传染——基于非线性网络关联的研究 [J] . 经济研究，2020，55 (01): 65–81.

[101] 杨子晖，陈雨恬，林师涵 . 系统性金融风险文献综述：现状、发展与展望 [J] . 金融研究，2022 (01): 185–206.

[102] 叶莉，李园丰，王远哲 . 基于 CoVaR 方法的我国商业银行系统性风险溢出效应测度 [J] . 河北工业大学学报，2019 (5): 81–90.

[103] 叶五一，谭轲祺，缪柏其 . 基于动态因子 Copula 模型的行业间系统性风险分析 [J] . 中国管理科学，2018 (3): 1–12.

[104] 于品显 . 系统性金融风险的界定及传播机制 [J] . 南方金融，2019 (6): 48–56.

[105] 原晓惠，熊启跃 . 问题银行治理的国际经验与中国改革路径研究 [J] . 金融监管研究，2020 (3): 99–114.

[106] 张成思，刘贯春 . 中国实业部门投融资决策机制研究——基于经济政策不确定性和融资约束异质性视角 [J] . 经济研究，2018，53 (12): 51–67.

[107] 张亮，周志波 . 完善中国宏观审慎金融监管框架研究——基于德英日三国的比较分析 [J] . 宏观经济研究，2018 (2): 30–43.

[108] 张晓明，赵玥 . 后危机时代银行业竞争与系统性风险——基于全球主要上市银行的实证分析 [J] . 国际金融研究，2022 (2): 44–54.

[109] 张勇，彭礼杰，莫嘉浩 . 中国金融压力的度量及其宏观经济的非线性效应 [J] . 统计研究，2017 (1): 68–79.

[110] 张元萍，孙刚 . 金融危机预警系统的理论透析与实证分析 [J]. 国际金融研究，2003 (10): 32–38.

[111] 张智富，郭云喜，张朝洋 . 宏观审慎政策协调能否抑制国际性银行危机传染？——基于跨境金融关联视角的实证研究 [J] . 金融研究，2020 (7): 21–37.

[112] 赵进文，张胜保，韦文彬 . 系统性金融风险度量方法的比较与应用 [J] . 统计研究，2013 (1): 46–53.

[113] 赵林海，陈名智 . 金融机构系统性风险溢出和系统性风险贡献——基于滚动窗口动态 Copula 模型双时变相依视角 [J] . 中国管理科学，2021 (7): 71–83.

[114] 赵尚梅，史宏梅，杜华东 . 地方政府在城市商业银行的大股东掏空行为——从地方政府融资平台贷款视角的研究 [J] . 管理评论，2013 (12): 32–41.

[115] 赵胜民，张博超 . “双支柱”调控与银行系统性风险——基

于 SRISK 指标的实证分析［J］. 国际金融研究，2022（1）：50–61.

［116］郑联盛，胡滨，王波 . 我国引发系统性金融风险的潜在因素与化解之策——基于时间和空间维度的分析［J］. 经济纵横，2018（4）：87–93.

［117］郑振龙，王为宁，刘杨树 . 平均相关系数与系统性风险：来自中国市场的证据［J］. 经济学（季刊），2014（4）：1047–1064.

［118］周天芸，周开国，黄亮 . 机构集聚、风险传染与香港银行的系统性风险［J］. 国际金融研究，2012（4）：79–89.

［119］周天芸，杨子晖，余洁宜 . 机构关联、风险溢出与中国金融系统性风险［J］. 统计研究，2014（11）：43–49.

［120］周孝华，陈九生 . 基于 Copula–ASV–EVT–CoVaR 模型的中小板与创业板风险溢出度量研究［J］. 系统工程理论与实践，2016（3）：559–568.

［121］邹静，袁祖应，童中文 . 政府干预、资产价格波动与银行系统性风险［J］. 金融论坛，2015（9）：28–37.

［122］Abdelkader Derbali，Lamia Jamel，Shan Wu. Measuring the systemic importance of Chinese banks based on risk interactions，Empirical Economics，2020.

［123］Abiad A D . Early Warning Systems；A Survey and a Regime–Switching Approach［J］. IMF Working Papers，2003，03（32）：993–1052.

［124］Acharya V. V，Pedersen L. H，T Philippon，et al. Measuring systemic risk［J］. Review of Financial Studies，2017，30（1）：2–47.

［125］Acharya V.，Hasan I. & Saunders A. Should Banks Be

Diversified? Evidence from Individual Bank Loan Portfolios [J] . Journal of Business, 2006, 79 (3): 1355–1412.

[126] Acharya V., Pedersen L., Philippon T. & Richardson M. Measuring Systemic Risk [J] . The Review of Financial Studies, 2017, 30 (1): 2–47.

[127] Acharya, et al. Measuring Systemic Risk [R] . New York University Working Paper, 2010.

[128] Adrian T. & Brunnermeier M. K. CoVaR [J] . American Economic Review, 2016, 106 (7): 1705–1741.

[129] Adrian T., Crump R. K., Moench E. Regression–based Estimation of Dynamic Asset Pricing Models [J] . Journal of Financial Economics, 2015, 118 (2): 211–244.

[130] Allen L., Bali T. G. & Tang Y. Does Systemic Risk in the Financial Sector Predict Future Economic Downturns? [J] . The Rcview of Financial Studies, 2012, 25 (10): 3000–3036.

[131] Anand K, Gai P, Marsili M. Rollover risk, network structure and systemic financial crises [J] . Journal of Economic Dynamics & Control, 2012, 36 (08): 1088–1100.

[132] Andersen T G, Bollerslev T, Diebold F X. A Framework for Exploring the Macroeconomic Determinants of Systematic Risk [J] . American Economic Review, 2005, 95 (2): 398–404.

[133] Baker S. R., Bloom N., Davis S. J. Measuring Economic Policy Uncertainty [J] . Quarterly Journal of Economics, 2016, 131 (4): 1593–1636.

[134] Banulescu G.D., Dumitrescu E. I.. Which are the SIFIs? A Component Expected Shortfall Approach to Systemic Risk [J] . Journal of Banking & Finance, 2015, 50 (3), 575–588.

[135] BCBS, "Global systemically Important Banks: Assesment Methodology and the Additional Loss Absorbency Requirement", BCBS publications, 2011.

[136] BCBS, "Regulatory Consistency Assessment Programme (RCAP) Assessment of Basel III G–SIB framework and review of D–SIB frameworks–United States", BCBS publications, 2016

[137] Bebczuk R. & Galindo A. Financial crisis and sectoral diversification of Argentine banks, 1999–2004 [J] . Applied Financial Economics, 2008, 18 (3): 199–211.

[138] Benes J., Kumhof M. Risky Bank Lending and Countercyclical Capital Buffers [J] . Journal of Economic Dynamics and Control, 2015, 58 (3), 58–80.

[139] Benoit S., Colliard J., Hurlin C. & Perignon C. Where the Risks Lie: A Survey on Systemic Risk [J] . Review of Finance, 2017, 109–152.

[140] Berg A, Pattillo C. Predicting currency crises: The indicators approach and an alternative [J] . Journal of International Money and Finance, 1999, 18 (4): 561–586.

[141] Berger A. N., Hasan I. & Zhou M. The effects of focus versus diversification on bank performance: Evidence from Chinese banks [J] . Journal of Banking & Finance, 2010, 34 (7): 1417–1435.

[142] Bernanke B S. Non–Monetary Effects of the Financial Crisis in the Propagation of the Great Depression [J] . NBER Working Papers, 1983, 73 (3): 257–276.

[143] Besancenot D, Huynh K, Vranceanu R. Default on sustainable public debt: illiquidity suspect convicted [J] . Economics Letters, 2004, 82 (2): 205–211.

[144] Bierbrauer,Felix. Tax incidence for fragile financial markets [J] . Journal of Public Economics, 2014, 120 (8): 107–125.

[145] Billio Monica, Lo Andrew W., et al. Econometric Measures of Connectedness and Systemic Risk in the Finance and Insurance Sectors [J] . Journal of Financial Economics, 2012, 104 (3), 535–559.

[146] Borio C E V . Towards a macroprudential framework for financial supervision and regulation? [J] . BIS Working Papers, 2003, 49 (2): 1–18.

[147] Caccioli F., Farmer J. D., Foti N. Overlapping Portfolios, Contagion and Financial Stability [J] . Journal of Economic Dynamics and Control, 2015, 51 (2), 50–63.

[148] Cerutti E., Claessens S., Laeven L. The Use and Effectiveness of Macro–prudential Policies: New Evidence [J] . Journal of Financial Stability, 2015, 15 (61), 1–22.

[149] Cheng X., H. Chen, Y. Zhou. Is the RMB a safe–haven currency? Evidence from conditional coskewness and cokurtosis [J] . Journal of Internal Money and Finance, 2021, 113 (2): 1–22.

[150] Christian B., Robert E. SRISK: A Conditional Capital Shortfall

Measure of Systemic Risk [J] . Review of Financial Studies, 2015, 19 (2), 685–738.

[151] Christian B., Ben Chabot, Eric Ghysels, Christopher Kurz. "Back to the future: Backtesting systemic risk measures during historical bank runs and the great depression", Journal of Banking and Finance, 2020, 113.

[152] Ciarlone A., Trebeschi G. Designing an Early Warning System for Debt Crises [J] . Emerging Markets Review, 2005, 6 (4): 0–395.

[153] Cincinelli Peter, Pellini Elisabetta, Urga Giovanni. Systemic risk in the Chinese financial system: A panel Granger causality analysis [J] . International Review of Financial Analysis, 2022, 82 (6), 179–194.

[154] Claessens S., Swati Ghosh, Roxana M. Macro-prudential Policies to Mitigate Financial System Vulnerabilities [J] . Journal of International Money and Finance, 2013, 39 (2), 153–185.

[155] Cosemans M., Frehen R., Schotman, P. C., Bauer R. Estimating Security Betas Using Prior Information Based on Firm Fundamentals [J] . Review of Financial Studies, 2016, 29 (4): 1072–1112.

[156] D. K Patro, M Qi, X Sun. A simple indicator of systemic risk [J]. Journal of Financial Stability, 2013, 9 (1): 105–116.

[157] Davydov Denis, Vähämaa Sami, Yasar Sara. Bank liquidity creation and systemic risk [J] . Journal of Banking and Finance, 2021, 123 (3), 106–123.

[158] Diamond D W, Dybvig P H. Bank Runs, Deposit Insurance and Liquidity [J] . Journal of Political Economy, 1983, 91 (3): 401–

419.

[159] Diebold F.X., K.Yilmaz. On the Network Topology of Variance Decompositions: Measuring the Connectedness of Financial Firms [J]. Journal of Political Economy, 2014, 182 (1), 119-134.

[160] EBA, On the criteria to determine the conditions of application of Article 131 (3) of Directive 2013/36/EU (CRD) in relation to the assessment of other systemically important institutions (O-SIIs), Official Journal of the European Union, 2014.

[161] EBA, On the peer review of the Guidelines on the criteria to determine the conditions of application of Article 131 (3) of Directive 2013/36/EU (CRD) in relation to the assessment of other systemically important institutions (O-SIIs), Official Journal of the European Union, 2017.

[162] Fang L, Sun B, Li H, et al. Systemic risk network of Chinese financial institutions [J]. Emerging Markets Review, 2018, 35: 190-206.

[163] FRS, Risk-Based Capital Guidelines: Implementation of Capital Requirements for Global Systemically Important Bank Holding Companies, Federal Register, 2016.

[164] FSB, Effective Resolution of Systemically Important Financial Institutions: Recommendations and Timelines, 2010.

[165] FSB, Extending the SIFI Framework to Domestic Systemically Important Banks: Progress Report to G-20 Ministers and Governers, 2012.

[166] FSB, Intensity and Effectiveness of SIFI Supervision Progress

report on implementing the recommendations on enhanced supervision, 2011.

[167] FSB, Resolution of Systemically Important Financial Institutions, 2012.

[168] Gennaioli N, MartinA, RossiS. Sovereign default, domestic banks, and financial institutions [J] . The Journal of Finance, 2014, 69 (2): 819–866.

[169] Georg C. P. The Effect of the Interbank Network Structure on Contagion and Common Shocks [J] . Journal of Banking & Finance, 2013, 37 (7), 2216–2228.

[170] Ghosh A. Banking Industry Specific and Regional Economic Determinants of Non–Performing Loans: Evidence from US States [J] . Journal of Financial Stability, 2015, 20 (2), 93–104.

[171] Giuseppe A., Yener A., Salvatore P., Alessio R. Centralised or decentralised banking supervision? Evidence from European banks", Journal of International Money and Finance, 2020, 110.

[172] Glasserman P, Young B P. How likely is contagion in financial networks? [J] . Journal of banking & finance, 2015, 50 (1): 383–399.

[173] Grilli R., Tedeschi G., Gallegati M. Bank Interlinkages and Macroeconomic Stability [J] . International Review of Economics & Finance, 2014, 34 (3), 72–88.

[174] Hamilton J D, Flavin M A. On the Limitations of Government Borrowing: A Framework for Empirical Testing [J] . American Economic Review, 1986, 76 (4): 808–819.

[175] Hautsch N, Schaumburg J, Schienle M. Financial network systemic risk contributions [J] . Review of Finance, 2015, 19 (2): 685-738.

[176] IMF, BIS, FSB. "Guidance to assess the systemic importance of financial institution, markets and instruments: innitial consideration", Report to the G20 Finance Ministers and Governors, 2009.

[177] Iori G., Mantegna R. N., et al. Networked Relationships in the E-MID Interbank Market: A Trading Model with Memory [J] . Journal of Economic Dynamics and Control, 2015, 50 (4), 98-116.

[178] Jiantang M A, Dong X, Shi H, et al. Chinese Leverage Ratio and Systematic Financial Risk Prevention [R] . Finance & Trade Economics, 2016.

[179] Jiménez G., Ongena S., Peydro J. L., Saurina J. Macroprudential Policy, Countercyclical Bank Capital Buffers and Credit Supply: Evidence from the Spanish Dynamic Provisioning Experiments [J]. Journal of Political Economy, 2017, 125 (6), 2126-2177.

[180] Jón Daníelsson and Jean-Pierre Zigrand. Equilibrium Asset Pricing with Systemic Risk [J] . Economic Theory, 2008, 35 (2): 293-319.

[181] Kauko K. External Deficits and Non-Performing Loans in the Recent Financial Crisis [J] . Economics Letters, 2012, 115 (2), 196-199.

[182] Kaviani M S, Kryzanowski L, Maleki H, et al. Policy uncertainty and corporate credit spreads [J] . Journal of Financial

Economics, 2020, 138 (03): 838–865.

[183] Khandani A E., Lo A W., Merton R C. Systemic Risk and the Refinancing Ratchet Effect [J] . Harvard Business School Working Papers, 2010, 108 (1): 29–45.

[184] Kleinow J., Moreira F. Systemic Risk among European Banks: A Copula Approach [J] . Journal of International Financial Markets, Institutions & Money, 2016 (42): 27–42.

[185] Koetter M, Poghosyan T. Real estate prices and bank stability [J] . Journal of Banking & Finance, 2010, 34 (6): 0–1138.

[186] Laeven L., Ratnovski L., Tong H. Bank Size, Capital, and Systemic Risk: Some International Evidence [J] . Journal of Banking & Finance, 2016, 69 (2): S25–S34.

[187] Mazzocchetti, Andrea Lauretta. Systemic Financial Risk Indicators and Securitized Assets: An Agent–based Framework [R] . Working Paper, 2017, No. 89779, University of Munich.

[188] Naeem M. A., Karim Sitara., Tiwari A. K. Quantifying systemic risk in US industries using neural network quantile regression [J] . Research in International Business and Finance, 2022, 61 (10), 1–14.

[189] Necmi K. Avkiran. Measuring the Systemic Risk of Regional Banks in Japan with PLS–SEM [J] . Theoretic Economic Letters, 2018, 8 (11): 2024–2037.

[190] Nodari G. Financial regulation policy uncertainty and credit spreads in the US [J] . Journal of Macroeconomics, 2014, 41: 122–132.

[191] Nucera F., Schwaab B., et al. The Information in Systemic Risk

Rankings [J] . Journal of Empirical Finance, 2016, 38 (1), 461–475.

[192] Oet M V, Bianco T, Gramlich D, et al. SAFE: An early warning system for systemic banking risk [J] . Journal of Banking & Finance, 2013, 37 (11): 4510–4533.

[193] Patton A. J., Irving D. L. Dynamic Copula Models and High Frequency Data [J] . Journal of Empirical Finance, 2015, 30 (1): 120–135.

[194] Peter G V. Asset prices and banking distress: A Macroeconomic Approach [J] . Journal of Financial Stability, 2009, 5 (3): 298–319.

[195] Reinhart C M, Rogoff K S. From Financial Crash to Debt Crisis [J] . American Economic Review, 2011, 101 (05): 1676–1706.

[196] Rodriguez–Moreno, M., J.I.Pea.Systemic Risk Measurement: The Simpler the Better [J] . Journal of Banking & Finance, 2013, 37 (4): 1817–1831.

[197] Silva Filho O C., Ziegelmann F. A. Assessing Some Stylized Facts about Financial Market Indexes: a Markov Copula Approach [J] . Journal of Economic Studies, 2014, 41 (2), 253–271.

[198] Stolbov M, Karminsky A, Shchepeleva M. Does economic policy uncertainty lead systemic risk? A comparative analysis of selected European countries [J] . Comparative Economic Studies, 2018, 60 (03): 332–360.

[199] Sun X, Yao X, Wang J. Dynamic interaction between economic policy uncertainty and financial stress: A multi–scale correlation framework [J] . Finance Research Letters, 2017, 21: 214–221.

[200] Sunil K. Mohanty, Aigbe Akhigbe, Abdulrahman Basheikh,

Haroon ur Rashid Khan. The Dodd–Frank Act and Basel III：Market–Based Risk Implications for Global Systemically Important Banks（G–SIBs）[J] . Journal of Multinational Financial Management，2018.

[201] Theodoros Bratis.，Nikiforos T. Laopodis，Georgios P. Kouretas. Systemic risk and financial stability dynamics during the Eurozone debt crisis [J] . Journal of Financial Stablity，2020，47（3），723–756.

[202] Tran Q T. Economic policy uncertainty and cost of debt financing：international evidence [J] . The North American Journal of Economics and Finance，2021，57：101419.

[203] Wisniewski T P，Lambe B J. Does economic policy uncertainty drive CDS spreads? [J] . International Review of Financial Analysis，2015，42：447–458.

[204] Yang L，Hamori S. Systemic risk and economic policy uncertainty：International evidence from the crude oil market [J] . Economic Analysis and Policy，2021，69：142–158.

[205] Yang Z，Y. Zhou. Quantitative easing and volatility spillover across countries and asset classes [J] . Management Science，2017，63（1），333–354.

[206] Zago A.，Dongili P. Credit Quality and Technical Efficiency in Banking [J] . Empirical Economics，2011，40（2），537–558.

[207] Zhang D.，Cai J.，et al. Non–Performing Loans，Moral Hazard and Regulation of the Chinese Commercial Banking System [J] . Journal of Banking & Finance，2016，63（5），48–60.

附录一

附表 1-1　2019 年相关商业银行经营数据

	规模	关联度			可替代性				复杂性		
证券简称	规模（万元）	金融机构间资产（万元）	金融机构间负债（万元）	发行证券和其他融资工具（万元）	结算支付额（亿元）	托管资产（亿元）	代理代销（亿元）	境内营业机构数量	衍生产品（亿元）	交易类和可供出售证券（亿元）	理财业务（亿元）
工商银行	2968149453	169649800	232929600	8633048	318	163000	20	16004	713	8053.4700	25786
建设银行	2446831637	103852100	187846200	7991143	121	100667	160	14977	506	7312.1700	18000
农业银行	2460612488	103274200	160696400	8015509	107	92200	209	23398	369	6432.4500	16600
中国银行	2270396600	140553400	234347600	9994777	137	105000	202	10750	1241	3704.9100	12000
邮储银行	1024801148	84806700	164215500	6003745	22	89132	28	40000	307	3763.8600	9500
交通银行	1046783210	66566000	24892900	4792045	86	30000	68	3290	72	3416.6200	7650
招商银行	781426200	61295700	75291700	3417914	103	123500	127	1822	342	3303.0200	20500

续表

证券简称	规模	关联度			可替代性				复杂性		
	规模（万元）	金融机构间资产（万元）	金融机构间负债（万元）	发行证券和其他融资工具（万元）	结算支付额（亿元）	托管资产（亿元）	代理代销（亿元）	境内营业机构数量	衍生产品（亿元）	交易类和可供出售证券（亿元）	理财业务（亿元）
兴业银行	761977169	22873500	179628300	2605083	17	116100	27	2064	421	11067.0000	12500
浦发银行	696485778	24810800	133595500	3008623	10	119300	19	1693	433	3956.6800	14000
中信银行	692477764	28610300	101793700	3508328	13	84400	48	1448	320	3088.7200	10600
民生银行	706151983	33786900	118154700	1000907	34	87148	89	2780	331	3810.9300	8700
光大银行	507975837	17546300	68253900	3518357	13	53862	27	1257	152	2227.3700	7500
平安银行	382170714	19501700	42533200	2005123	25	30000	41	1057	215	1487.6800	5378
华夏银行	294863800	6425700	38456100	2004214	0	28382	15	1022	11	1377.3500	4950
北京银行	315560953	15414400	45081500	1789443	8	17240	36	632	3	2834.4600	3500
广发银行	259693534	13767256	62120774	3529	3	20000	10	850	326	2589.0631	2550
上海银行	220355918	16680341	49845575	1999170	2	19180	15	317	12	4196.5388	2700
江苏银行	209794968	5477591	22077645	2003261	1	22128	29	543	37	3498.3330	2800
浙商银行	181136422	5538317	27999908	1499435	10	20000	8	247	101	1352.1078	3600
南京银行	143502671	5581659	8251356	987774	1	16100	21	192	90	2109.3233	2914

续表

	规模	关联度			可替代性				复杂性		
证券简称	规模（万元）	金融机构间资产（万元）	金融机构间负债（万元）	发行证券和其他融资工具（万元）	结算支付额（亿元）	托管资产（亿元）	代理代销（亿元）	境内营业机构数量	衍生产品（亿元）	交易类和可供出售证券（亿元）	理财业务（亿元）
宁波银行	130405074	1537324	10208889	1626384	2	23000	33	338	303	3558.0059	2500
徽商银行	111180958	3927359	17431934	601404	1	6918	11	440	2	1064.7956	900
渤海银行	120376975	5722700	18142900	1068	2	6000	2	249	2	1506.4500	1300
恒丰银行	123287264	3855329	11148660	2858	4	6000	29	205	4	231.9308	1000
杭州银行	117241075	3364611	15612408	611	2	6000	6	205	22	1516.9069	571
盛京银行	99735308	7438038	10642440	1000278	1	10565	1	206	46	1720.7297	1932
厦门国际银行	83013646	1638015	22883467	990878	2	6000	2	242	3	6606.288	259
锦州银行	88671509	9367748	9393360	801	2	6000	6	230	2	2126.8176	500
中原银行	69161302	1780645	8364637	1513	2	6000	4	230	1	607.4455	1229
天津银行	67338388	4224073	10705906	964491	2	6000	1	457	0	438.6929	522
总计	19381559745	988868505	2112546660	79971716	1049	1419821	1294	127145	6387	93014.4597	202440

附表 1-2　2018 年相关商业银行经营数据

	规模	关联度			可替代性				复杂性		
证券简称	规模（万元）	金融机构间资产（万元）	金融机构间负债（万元）	发行证券和其他融资工具（万元）	结算支付额（亿元）	托管资产（亿元）	代理代销（亿元）	境内营业机构数量	衍生产品（亿元）	交易类和可供出售证券（亿元）	理财业务（亿元）
工商银行	2968149453	169649800	232929600	8633048	318	163000	20	16004	713	8053.4700	25786
建设银行	2446831637	103852100	187846200	7991143	121	100667	160	14977	506	7312.1700	18000
农业银行	2460612488	103274200	160696400	8015509	107	92200	209	23398	369	6432.4500	16600
中国银行	2270396600	140553400	234347600	9994777	137	105000	202	10750	1241	3704.9100	12000
交通银行	1024801148	84806700	164215500	6003745	22	89132	28	3290	307	3763.8600	9500
邮储银行	1046783210	66566000	24892900	4792045	86	30000	68	40000	72	3416.6200	7650
招商银行	781426200	61295700	75291700	3417914	103	123500	127	1822	342	3303.0200	20500
兴业银行	761977169	22873500	179628300	2605083	17	116100	27	2064	421	11067.0000	12500
浦发银行	696485778	24810800	133595500	3008623	10	119300	19	1693	433	3956.6800	14000
中信银行	692477764	28610300	101793700	3508328	13	84400	48	1448	320	3088.7200	10600
民生银行	706151983	33786900	118154700	1000907	34	87148	89	2780	331	3810.9300	8700
光大银行	507975837	17546300	68253900	3518357	13	53862	27	1257	152	2227.3700	7500
平安银行	382170714	19501700	42533200	2005123	25	30000	41	1057	215	1487.6800	5378
华夏银行	294863800	6425700	38456100	2004214	0	28382	15	1022	11	1377.3500	4950
北京银行	315560953	15414400	45081500	1789443	8	17240	36	632	3	2834.4600	3500

续表

证券简称	规模	关联度			可替代性				复杂性		
	规模（万元）	金融机构间资产（万元）	金融机构间负债（万元）	发行证券和其他融资工具（万元）	结算支付额（亿元）	托管资产（亿元）	代理代销（亿元）	境内营业机构数量	衍生产品（亿元）	交易类和可供出售证券（亿元）	理财业务（亿元）
广发银行	259693534	13767256	62120774	3529	3	20000	10	850	326	2589.0631	2550
上海银行	220355918	16680341	49845575	1999170	2	19180	15	317	12	4196.5388	2700
江苏银行	209794968	5477591	22077645	2003261	1	22128	29	543	37	3498.3330	2800
浙商银行	181136422	5538317	27999908	1499435	10	20000	8	247	101	1352.1078	3600
南京银行	143502671	5581659	8251356	987774	1	16100	21	192	90	2109.3233	2914
宁波银行	130405074	1537324	10208889	1626384	2	23000	33	338	303	3558.0059	2500
徽商银行	111180958	3927359	17431934	601404	1	6918	11	440	2	1064.7956	900
恒丰银行	120376975	5722700	18142900	1068	2	6000	2	249	2	1506.4500	1300
渤海银行	123287264	3855329	11148660	2858	4	6000	29	205	4	231.9308	1000
盛京银行	117241075	3364611	15612408	611	2	6000	6	205	22	1516.9069	571
杭州银行	99735308	7438038	10642440	1000278	1	10565	1	206	46	1720.7297	1932
锦州银行	83013646	1638015	22883467	990878	2	6000	2	242	3	660.6288	259
厦门国际银行	88671509	9367748	9393360	801	2	6000	6	230	2	2126.8176	500
天津银行	69161302	1780645	8364637	1513	2	6000	4	230	1	607.4455	1229
中原银行	67338388	4224073	10705906	964491	2	6000	1	457	0	438.6929	522
总计	19381559745	988868505	2112546660	79971716	1049	1419821	1294	127145	6387	93014.4597	202440

附表 1-3　2017 年相关商业银行经营数据

	规模	关联度			可替代性				复杂性		
证券简称	规模（万元）	金融机构间资产（万元）	金融机构间负债（万元）	发行证券和其他融资工具（万元）	结算支付额（亿元）	托管资产（亿元）	代理代销（亿元）	境内营业机构数量	衍生产品（亿元）	交易类和可供出售证券（亿元）	理财业务（亿元）
工商银行	2809988938	183424200	275288700	8636109	268	155000	19	16092	8901300	19373.9100	26680
建设银行	2355491035	70859800	179491300	7993048	132	115400	163	14920	8298000	21291.1600	17500
农业银行	2278311349	117590000	157458000	8015343	111	102931	228	23661	2828400	20043.8500	17000
中国银行	2093644805	106045600	192535400	9995921	123	95300	233	10674	9491200	20508.3300	12000
交通银行	973332444	78246800	184987700	6003801	19	82278	32	3270	3400700	6291.6800	9500
邮储银行	991380610	75473100	23721400	4789688	48	43900	39	40000	658400	8067.4000	7550
招商银行	730847375	48409600	83747200	3418813	12	112327	31	2064	1891600	4478.9700	22000
兴业银行	708793433	20185600	186378200	2605509	92	119700	113	1830	2839600	8662.9300	12000
浦发银行	685660160	19116100	163756400	3009441	12	102800	17	1799	2826400	8273.7400	15200
中信银行	652515674	35104500	101010200	3508604	30	77397	116	2964	6545100	6975.9400	11535
民生银行	663365345	27127400	142351500	1001448	12	154633	45	1476	1873400	4534.9000	8300
光大银行	469932527	28501100	72982600	3518530	10	99164	27	1200	451300	4387.4300	7800
平安银行	359151286	23115700	46528700	2005796	24	61300	34	1079	1608000	763.1900	5000
华夏银行	275981970	11228900	36640300	2004421	2	27357	15	968	325600	1135.1800	7000
北京银行	267257348	21367800	37900500	1789768	7	18645	45	561	20600	2271.6600	3700

续表

	规模	关联度			可替代性				复杂性		
证券简称	规模（万元）	金融机构间资产（万元）	金融机构间负债（万元）	发行证券和其他融资工具（万元）	结算支付额（亿元）	托管资产（亿元）	代理代销（亿元）	境内营业机构数量	衍生产品（亿元）	交易类和可供出售证券（亿元）	理财业务（亿元）
广发银行	228020685	10508718	64495679	3529	1	20000	22	804	2026865	2521.0084	2700
上海银行	197974375	16177540	45902853	1999054	2	16511	19	312	83909	4322.3905	2500
江苏银行	192769285	9709579	31303939	2003421	10	18700	12	540	441975	2503.4847	2500
浙商银行	169042731	7143244	35680562	1499404	5	16303	4	170	455409	1742.4348	3650
南京银行	125527907	7291274	10231990	987883	2	16000	0	181	644599	1856.9209	3200
宁波银行	117384460	3269365	16788732	675139	1	16690	22	317	3133375	3653.2468	2400
徽商银行	98896622	4928061	19617319	601463	2	6109	38	432	6748	1460.0099	633
恒丰银行	146179000	5450190	17278952	1068	1	20000	2	306	6000	400.0000	474
渤海银行	114054193	1889077	19184016	2858	3	20000	43	252	19810	493.5660	500
盛京银行	119790024	9008175	28059881	772	1	13308	3	432	42939	1037.2910	1100
杭州银行	88676485	4371249	13340773	1000320	1	11024	1	201	145439	2498.9357	1900
锦州银行	79575942	1569049	18706799	990790	2	6000	4	231	141	742.2401	619
厦门国际银行	78365272	7849112	10035243	801	3	6000	6	0	12002	1439.0145	0
天津银行	73843239	2965570	15045218	1609	2	6000	2	242	6000	419.9104	1200
中原银行	57367357	2327572	8617779	1226	1	6000	6	383	6000	1044.2466	500
总计	18203121878	960253974	2239067833	78065579	938	1411779	1339	127361	58990810	162794.9702	206641

附录二

案例：恒大“暴雷”会演变为系统性风险吗？

一、恒大暴雷事件梳理

2020 年 9 月 24 日，一份关于恒大债务问题的文件流传，经媒体报道，引发社会广泛关注。媒体针对恒大集团的负面报道，成为恒大集团信用风险发酵的起点。报道显示，恒大集团将于 2021 年 1 月 31 日前偿还战略投资者 1300 亿本金，从而可能造成公司资产负债率大幅上升。2020 年 9 月 29 日，恒大发布公告，宣布与 1300 亿战略投资者中的 863 亿签订补充协议，战略投资者同意转为普通股权长期持有，且股权比例保持不变，剩余的 437 亿中，恒大已与 155 亿战略投资者商谈完毕，目前正在办理手续，282 亿战略投资者正在商谈中。恒大集团暂时性化解了 1300 亿战略投资到期偿还的压力。然而，在 2020–2021 年政策持续收紧的背景下，恒大集团的资金压力却未能好转。2021 年 6 月底开始，穆迪、标普、惠誉、中诚信国际等评级机构陆续调降恒大主体评级。之后，2021 年 7 月发生广发银行诉讼保全事件。2021 年 8 月 19 日，人民银行、银保监会约谈恒大集团。2021 年 9 月 8 日，恒大财富发生挤兑事件。后续恒大债务危机不断发酵，直至公司执行董事及董事会主席许家印被依法采取强制措施，以及香港高等法院将相关债权人的清盘呈请聆讯一再延期，其危机仍在持续。而碧桂园、融创、世茂、华夏幸福等房企也接连出现经营上的困境。人们不禁要问：恒大事件会演变为系统性风险吗？为弄清事件的来龙去脉，我们把恒大危机事件的整个过程进行大致梳理，时间跨度为恒大危机开始显现的 2020 年 6 月到 2023 年 10 月 31 日间，如附表 2–1 所示。

附表 2–1　恒大债务危机过程梳理

时间	事　件
2020 年 6 月初	恒大集团部分商业票据未能如期兑付
2020 年 8 月 20 日	“三条红线”新规颁布，恒大三线全踩
2020 年 9 月 30 日	有建筑承包商表示恒大商票再次出现兑付预期
2020 年 10 月 14 日	上海金融法院和上海市第一中级人民法院强制执行恒大部分资产，被强制执行的资产总额为 1.98 亿元人民币
2021 年 6 月初	恒大在河南许昌的悦龙台项目停工，民工讨薪事件发生
2021 年 6 月 29 日	三棵树涂料公司发布催款公告，称恒大逾期票据金额 5137.06 万元人民币
2021 年 7 月 9 日	恒大宣布中山朗斯家居股份有限公司 1100 万元商业票据将延迟 3 个月支付
2021 年 7 月 19 日	广发银行宜兴支行申请冻结恒大地产银行存款 13201 万元或查封、扣押其他等值财产
2021 年 7 月 26 日	标普宣布下调中国恒大及其附属公司评级，中国恒大、恒大地产和天基控股评级从 B+ 下调至 B–，评级展望为负面
2021 年 7 月 30 日	廊坊发展公告称恒大集团持有的公司股份全部被司法冻结，共计 7603 万股，占公司总股份的 20%
2021 年 8 月 2 日	垒知集团公告称恒大集团及其成员企业开具的 3317.42 万元商票逾期
2021 年 8 月 13 日	恒大云南地区两个项目因未能及时向建筑商之一的重庆建工付款而停工

续表

时间	事　件
2021 年 9 月 6 日	河南恒大童世界 E、F 区项目的一笔借款到期但并未按时偿还恒大高端理财产品“超收宝”的投资者开始“讨债”
2021 年 9 月 8 日	恒大通知两家银行暂停支付 9 月 21 日应付的贷款利息
2021 年 9 月 13 日	恒大财富发布三种兑付方案供投资者选择：现金分期兑付、实物资产兑付、冲抵购房尾款兑付
2021 年 12 月 3 日	中国恒大集团在香港联交所发布无法履行 2.6 亿美元债务担保责任的公告
2022 年以来	国家房企政策出现改变，以“良性循环”为关键词。“供”方面，主要是房企端的资金面边际放宽。鼓励房企自救，保障性租赁住房不纳入银行贷款集中度管理，和房地产优质项目收并购贷款不计入“三道红线”，预售资金监管放松，“需”方面，主要围绕促进购房需求的房贷政策放松
2022 年 1 月 26 日	与集团债权人召开电话会议，制定债务重组计划
2022 年 7 月 6 日	恒驰 5 汽车正式开始预售，截至目前已累计收到预售订单超过 3.7 万台
2022 年 7 月 22 日	之前爆出的“恒大物业 134 亿不翼而飞”事件有了结果：中国恒大（03333.HK）、恒大物业（06666.HK）同时发公告称，经调查，在相关高管授意下，恒大物业以存单质押担保方式，通过第三方（扣除费用后），分三次向中国恒大集团提供共计 134 亿元资金，已被用于集团一般营运。此事导致公司六名高管被辞退
2022 年 9 月 7 日	消息称恒大集团持有的盛京银行 12.82 亿股股权已由沈阳市当地国资企业和 4 家民营企业共同出资 73.07 亿元收购。这就意味着恒大全面退出盛京银行
2022 年 9 月 8 日	恒大再次发文宣布原本 11 月 7 日要公布的清盘呈请聆讯押后至 11 月 28 日
2022 年 12 月 1 日	“恒大集团”旗下子公司“恒大金融财富管理（深圳）有限公司”（一般简称“恒大财富”）于昨天（11 月 30 日）下午时分发布公告：从本月起，下调兑付金额。据上述公告显示：原本每月底应该兑付 8000 元 / 人 / 月，从 12 月起大幅下降至 2000 元 / 人 / 月

续表

时间	事　件
2022 年 12 月 2 日	网上疯传许家印跳楼坠亡，传出恒大汽车总部将解散，晚 7 点，中国恒大集团召开保交楼专题会议，董事会主席许家印出席并讲话，间接回应了“跳楼”传言
2022 年底	恒大集团董事局主席许家印在公司内部发出《致全体恒大人的一封家书》，在信中，许家印总结了恒大集团 2022 年全年的表现，称 2022 年恒大地产 732 个保交楼项目全面复工，全年累计交楼 30.1 万套
2023 年 1 月 1 日	许家印组织召开了全体管理层的大会，提出了 2023 年目标，就是保交楼、偿还所欠债务、让恒大集团涅槃重生
2023 年 1 月 6 日	恒大原执行总裁柯鹏被抓，许家印回应称是个人问题
2023 年 1 月 17 日	市场消息，恒大这家背负巨量债务的内资房企向境外债权人提供了一份条件并不优渥的债务重组展期方案，并期望获得后者的首肯。值得注意的是，目前未能证实该方案的真实性
2023 年 2 月 2 日	当天正值农历正月十二，恒大集团召开了一次由许家印主持的营销会议，将对 458 个楼盘实施优惠促销，加速资金回笼
2023 年 3 月 22 日	恒大集团举行恒大全球债权人电话会议，恒大集团风险化解委员会委员陈勇表示，集团正在朝着既定的目标有秩序的推进，力争 2023 年 7 月底前提出重组方案
2023 年 4 月 3 日	恒大集团与债权人特别小组的成员签订了三份重组支持协议，各方同意合作以促进拟议重组的实施
2023 年 6 月 20 日	中国恒大（3333.HK）在港交所公告：本集团努力争取多家建筑公司和建筑材料供应商的支持，677 个已售和未交付项目已有效复工。2023 年 1 月至 5 月，本集团累计交付约 12.2 万套房屋，总建筑面积约 1389 万平方米
2023 年 7 月 17 日	全国企业破产重整案件信息网显示，恒大西安公司被西安卫宁商贸有限公司申请破产，其中西安卫宁商贸有限公司是一家从事建筑材料销售的企业，与恒大西安公司存在供货合同纠纷。由于恒大西安公司拖欠货款达到数百万元，且多次催讨无果，西安卫宁商贸有限公司便向法院提出了破产申请。这一消息一经曝光，立刻引起了市场广泛关注

续表

时间	事　　件
2023年8月18日	中国恒大（3333.HK）针对“破产保护”的市场消息发布澄清公告，其目前正在正常按照计划推进境外债务重组，不涉及破产申请
2023年8月28日	在停牌525天后，于2023年8月28日在港交所复牌，开盘即跌停，收盘报0.25港元，跌幅达85.71%，总市值仅剩31.6亿港元。恒大系旗下的恒大物业和恒大汽车也同步复牌，分别下跌了40.5%和30.7%。恒大系三股的市值合计蒸发了近千亿元
2023年9月22日	中国恒大（33333.HK）公告称，由于集团的销售情况不如公司预期，基于公司目前情况以及与其顾问及债权人协商，认为有必要重新审视建议重组的条款以匹配公司客观情况和债权人诉求。因此，原定于2023年9月25日（恒大旗下的天基控股和景程公司）和2023年9月26日（中国恒大）有关建议重组的相关协议安排会议将不会举行。
2023年9月24日	中国恒大（3333.HK）发布公告，鉴于集团主要附属公司恒大地产集团有限公司（恒大地产）正在被立案调查，公司无法满足证监会《境内企业境外发行证券和上市管理试行办法》和国家发改委《企业中长期外债审核登记管理办法》中的有关规定，故目前无法发行新的票据。
2023年9月28日	中国恒大在港交所公告，公司接到有关部门通知，公司执行董事及董事会主席许家印因涉嫌违法犯罪，已被依法采取强制措施。公告显示，截至2023年8月末，公司连同其合并范围内子公司（发行人）标的金额3000万元以上未决诉讼案件数量共计1946件，标的金额总额累计约人民币4492.98亿元；截至2023年8月末，发行人涉及未能清偿的到期债务累计约人民币2785.32亿元，发行人逾期商票累计约人民币2067.77亿元。
2023年10月20日	中国恒大发布公告，原计划于2023年10月25日由美国纽约南区曼哈顿法院破产保护审理的聆讯将延期，间接承认并证实了2023年8月份，媒体曝光的中国恒大计划依据美国《破产法》第15章在纽约申请破产保护的传言。

续表

时间	事　件
2023 年 10 月 30 日	中国恒大发布公告，香港高等法院于 2023 年 10 月 30 日将相关债权人的清盘呈请聆讯进一步延期至 2023 年 12 月 4 日，这是中国恒大第六次聆讯延期了，为其又赢得了短暂的喘息之机。按照联交所规定，如中国恒大被颁令清盘，法院将会任命清盘人，从该公司董事和管理层手中获得控制权，并整理现有资产偿还债权人相关债务。

恒大集团为何在“一夜之间”跌落神坛？背后的原因错综复杂，其中一个重要原因是与政府近来年实施的房地产调控政策有较大关系。

二、恒大暴雷与地产调控

在中央“房住不炒”的总方针下，2020 年 8 月 20 日，住房城乡建设部、人民银行在北京召开重点房地产企业座谈会，研究进一步落实房地产长效机制。会议明确了重点房地产企业资金监测和融资管理规则，确定了房地产企业融资的“三条红线”，房企有息负债的增长将进一步受限。具体而言，“三条红线”指：（1）剔除预收款后的资产负债率大于 70%；（2）净负债率大于 100%；（3）现金短债比小于 1 倍。[①] 根据“三道红线”触线情况不同，试点房地产企业分为“红、橙、黄、绿”四档，分档设定有息负债规模的增速阈值：每降低一档，上限增加 5%，若三道红线全部触及，则房企的有息负债就不能再增加；若触及两条，则有息负债规模增速不得超过 5%；触及一条，则增速不得超过 10%；一条未中，则增速不得超过 15%。根据“三道红线”触线标准，恒大集团作

① 剔除预收款项的资产负债率 =（总负债 – 合同负债 – 预收账款）/（总资产 – 合同负债 – 预收账款）；净负债率 =（有息负债 – 货币资金）/ 合并权益；现金短债比 = 货币资金 / 短期有息债务。

为综合排名第一的房地产企业，2019 年及 2020 年三项财务指标全部踩线，如附表 2–2 所示。至此，因不符合监管部门制定的“三道红线”融资标准，恒大集团当年无法新增有息负债，外部融资渠道受限，所以其债务偿付需要更多依赖销售回款，但其在售和待售的房地产项目多数位于三四线城市，回款难度较大，偿债风险加剧。回顾恒大集团的发家史，其之所以能在短期内成为全国前三的房地产开发公司，其中很大的一个原因是提高负债率，加大负债规模。因此，恒大的流动性危机与政策调控有很大关系，可以说恒大是“成也杠杆，败也杠杆”。

不过自暴雷危机后，恒大采取多种方式减负降债，然而仍然困难重重。中国恒大（3333.HK）于 2023 年 8 月 27 日发布的财报显示，恒大集团上半年损失超 390 亿元。截至 2023 年 6 月 30 日，恒大负债 23882 亿元，总资产 17439.97 亿元，仍然处于资不抵债。

附表 2–2　2019—2021 年恒大集团“三道红线”指标

年份	剔除预收款后的资产负债率	净负债率	现金短债比
2019	83%	159.30%	0.61
2020	84%	152.89%	0.47
2021	81%	99.8%	0.36

数据来源：Wind 数据库

三、恒大暴雷与系统性风险

恒大集团的存续债务规模超 2 万亿元，涉及产业链条的多个方面，且地产行业对于中国经济和普通家庭都具有特殊意义，因此，这场由流动性危机引发的暴雷事件，难免让人产生是否会进一步发酵成系统性风险事件的担忧，是否会演变成中国的“雷曼时刻”。应该说，恒大暴雷与雷曼兄弟破产之间虽然都与地产相关，均是债务危机引发且表现出传染性，但二者之间存在许多本质区别。

第一，雷曼背后是居民加杠杆，而恒大背后是地产企业加杠杆，对经济的影响完全不同。2008 年美国房价下跌，居民被迫去杠杆，进而导致大量居民的资产负债表崩溃，消费能力急剧下降，是地产危机转为经济危机的根源；恒大背后是房地产企业加杠杆，中国的居民加杠杆并不严重。中国居民尽管也加杠杆买房，但是中国有严格的首付比例等限制，与美国次贷完全不可同日而语，中国不存在居民资产负债表崩溃的可能。

第二，雷曼时刻之后的关键是房价崩盘式下跌，导致抵押品快速贬值，继而出现全面危机；中国房地产市场均与政府调控力度关系紧密，中国的地方政府调控还有一定的空间，工具箱还未完全打开。对于房价上涨压力大的地区，确实政策非常严格，而对于房价存在下跌压力的地区，部分地区已经开始出台限制房价下跌的政策。中国因城施策的背景下，房价未来大概率进入涨跌均有限的波动状态，甚至是冻结状态，不会触发抵押品贬值危机。中国的问题仅限于房企，而不是抵押品，这是与 2008 年美国次贷危机的另一大关键区别。

第三，中国有成熟的大型企业债务问题处置经验，包商、华融、明天、安邦、海航等体量与恒大可比，甚至有的比恒大更大，处置方式基本都是国家接管、业务拆分、切断传染。其中，能够避免雷曼重演的关键是：切断传染。我们认为即使个别中国的房企真的存在资不抵债的情况，也能通过政府介入切断传染性，且并非由政府兜底，而是切断传染链条。

第四，银行是缓冲 / 加速债务危机的关键环节，中国的银行大多具有国企背景，对监管、对政府的响应要比美国强得多。如果按照市场化主体的行为逻辑，很容易出现挤兑，即一旦发现房企出现问题，银行会全面抽贷断贷。然而，中国的银行不存在这个问题。在 2020 年 3—4 月疫情高峰、谁也看不清企业能否活下去的时候，中国的银行体系仍可以大量放贷，还是放中长期贷甚至信用贷，足以表明中国的银行与美国的银行有巨大差异。

最后，也是最为关键的一点，就是两国政府对市场的参与度不同。显然，中国政府在房地产市场的介入程度和监管程度更高，因此中国政府有足够的能力和空间以防止恒大事件演变为系统性金融风险。2021 年 12 月，中国人民银行、证监会、银保监会和住建部等部门就恒大问题做出了官方回应，此后多部门也做了相应的回应。国务院前副总理刘鹤于当地时间 2023 年 1 月 17 日在瑞士达沃斯举行的世界经济论坛上表示，房地产在中国是重要的支柱产业，但是从 2021 年以来发生了一些变化。他认为，从未来来看，中国仍处于城市化较快的发展阶段，巨大的需求潜力将为房地产行业健康发展提供有力的支撑。2023 年 7 月，央行及国家金融监管总局对于 2022 年发布的《关于做好当前金融支持房地产市场平稳健康发展工作》（银发【2022】254 号，俗称“16 条救市新规），明确表示将政策延期至 2024 年底，并将延期房企存量融资和专项借款压力，缓解房企资金压力。2023 年 8 月 25 日，国务院常务会议明确指出，推动建立房地产转型发展新模式，让商品住房回归商品属性，满足改善性住房需求，促进稳地价、稳房价、稳预期，推动房地产业转型和高质量发展。2023 年 9 月份以来，全国多个城市取消限购或者优化限购政策，调整在市场过热情况下出台的、不适合新形势下住房消费需求的政策，以释放刚性和改善性住房需求，促进房地产市场平稳健康发展，为市场注入信心。2023 年 10 月 30 日至 31 日中央金融工作会议强调加强党中央对金融工作的集中统一领导，完善党领导金融工作的体制机制，并特别指出，要促进金融与房地产良性循环，完善房地产金融宏观审慎管理。因此，中央对金融工作的领导作用将转化为巨大的制度优势，配合好其他政策工具箱，能够稳妥解决好房地产业当前遭遇的问题。

从官方的系列表态和强有力举措可以看出，中国政府对于推进新形势下房地产业转型发展的决心很大，也向外界传递了支持房地产业高质量发展的强有力的信号。所以说，我们有理由相信政府能够妥善处理好恒大暴雷事件，不可能让其演变为引发连锁反应、产生巨大破坏力的系统性风险。

后 记

截至2023年6月，中国人民大学苏州校区金融风险管理学科办学十周年了。十年前，我作为一名“门外汉”跌跌撞撞参与到“学科创业”中来，协助陈忠阳教授创办了国内首个以“金融风险管理”为特色方向的研究生培养专业。十年弹指一挥间，感慨良多。十年间，我深度参与，成长为一名不太专业的“专业负责人”经营着这个项目，见证了学科创办过程中的种种不易和参与的专家及老师挥洒的心血汗水，更无比欣慰地看到了我们培养的一届届学生顺利毕业，找到理想工作，并参与到中国的金融事业中去。每当此时，我油然升起从事教育事业的自豪感，觉得所有付出都是值得的，培养人才真是一件快乐而美妙的事情。

当然，风险是金融的基因，风险孕育于一切金融活动中，因此风险管理是一个永恒的话题。未来，我国的金融风险事件不可能杜绝，金融风险管理也一定不会消失。但是，在吸收巴塞尔体系等国际经验教训的基础上，结合中国管理智慧的现代风险管理理论和实践，一定会迸发出新的生命力，为建构中国自主学科体系提供理论创新，为中国式金融风险管理现代化提供解决方案。让我们共同为这一过程的早日实现添砖加瓦，为之鼓与呼！

本书的出版最先要感谢我们这个时代。中国正处于“百年未有之大变局”，世界进入新的动荡变革期，意味着我们面对的是一个不确定的风险世界，风险进一步加剧。应对风险要求我们首先要理解风险、识别风险、计量风险、监测风险，进而管理好风险。这个中美竞争加剧、国际地缘政治格局演变加速的国际背景，叠加宏观经济超预期冲击、金融机构自身风险事件频频暴露的国内环境，金融风险管理的重要性进一步凸显。从中央和地方政府、金融监管机构到金融机构，对于风险管理的重视程度及用人需求也得到了迅速提升。在这个风云变幻、跌宕起伏的时期，中国的金融监管层保持了战略定力和治理能力，金融机构抵御了各种风险，积累了宝贵的金融风险管理实践的鲜活素材。当前，我国机构改革的大幕徐徐展开，从上到下即将大力推进的金融监管体系改革也会为研究提供宏大时代背景和实践参考。

同时，需要重点感谢中国人民大学苏州校区的陈甬军教授、杨伟国教授、朱信凯教授、黎玖高研究员、王小虎研究员、伍聪研究员等历任院领导的关心和支持，给了我足够的信任，给我们搭建了平台，让我在这个学科中能够做点事情。尤其要感谢曾担任过国际学院副院长的陈忠阳教授，他把我带入了金融风险管理这个充满哲理思辨魅力、越研究越甘之如饴的学科领域，真的会逐渐着迷甚至“上瘾”。

“择天下英才而育之。”十年来，个人收获的最大财富是这个学科培养出来了一批批优秀的学子。师生和谐，学教相长。我有时甚至在想，学科办得好，除了一流的师资外，最主要是得益于我们招收了中国最优秀的一批学子。当然，这其中也包括我自己指导的研究生。我指导的硕士研究生王若华、吴美萱、洪英豪、董璐瑶同学等以不同形式参与到本书的撰写中，对本书的形成做出了相应的贡献，在此一并表示感谢。

最后，要感谢中国人民大学科学研究基金后期资助项目对本书的资助。也要特别要感谢人民日报出版社的编辑老师，正是由于她们专业负责的工作精神，使得本书顺利出版，由原来还略显粗糙的模样变身为当前精美的图书，呈现在大家面前。

道阻且长，行则将至。随着国家治理体系和治理能力现代化进程的推进，中国的金融风险治理能力能得到进一步提升，金融监管将更加有力有效。相信我们的金融风险管理学科也将伴随并见证这一历史进程，变得更加熟稔，真正实现学科国内一流，具有国际影响力的愿景。因此，学科的下一个十年、二十年乃至百年将变得未来可期。同时，期待在各位同仁的支持和帮助下，个人在学科发展中得到进一步成长，能够在金融风险管理学科的学术研究上脚踏实地，行稳致远。

胡德宝

于 2023 年 8 月 28 日